Knaur.

Entweder vielleicht oder doch lieber ja

90 lebenswichtige Entscheidungsbäume
von Heike Kottmann

KNAUR *Taschenbuch Verlag*

Inhalt

BAUM Nr. 1 — 10

01. Soll ich aufstehen oder liegen bleiben?
Teste, ob du noch eine Runde
weiterschlafen kannst
Seite 12

02. Soll ich diesen Brief öffnen?
Und ab geht die Post
Seite 14

03. Welches Tattoo passt zu mir?
Schmetterling, Kreuz oder Dornenkranz
Seite 16

04. Bin ich gut in meinem Job?
Woran du merkst,
ob du bald befördert wirst
Seite 18

05. Sind wir beste Freunde?
… oder doch nur gute Bekannte?
Seite 20

06. Welche Sportart passt zu mir?
Fußball, Kegeln oder Golf
Seite 22

07. Kann man das noch essen?
Teste, ob dein Kühlschrank
noch funktioniert
Seite 24

08. Ist mein Nachbar kriminell?
Manche Wände sind zu dünn
Seite 26

09. Warum geht mir kein Licht auf?
Woran du merkst, ob es dir bald dämmert
Seite 28

10. Welcher Superheld könnte ich sein?
Batman, Hulk oder Flash Gordon
Seite 30

BAUM Nr. 11 — 20

11. Bin ich schön?
Teste deinen Attraktivitätsbonus
Seite 32

12. Werde ich heute noch Sex haben?
Ohne Gewähr
Seite 34

13. Muss ich mein Bett frisch beziehen?
… oder soll ich noch eine Weile
in meinem Dreck liegen bleiben?
Seite 36

14. Bin ich ein guter Handwerker?
„Selbst ist der Mann"
oder „Rette sich, wer kann"
Seite 38

15. **Muss ich zum Friseur, oder geht´s noch ein bisschen?**
    Woran du merkst, ob du eine neue Tönung brauchst
    Seite 40

16. **Was ist das Licht am Ende des Tunnels?**
    Himmelspforte, Fegefeuer oder doch nur eine Taschenlampe
    Seite 42

17. **Wäre ich ein guter Diktator?**
    So wie der kleine Dicke aus Nordkorea
    Seite 44

18. **Fängt es gleich an zu regnen?**
    Grauer Himmel oder strahlender Sonnenschein
    Seite 46

19. **Bin ich im falschen Film?**
    Krise im Kino oder Chance auf einen Oscar
    Seite 48

20. **Bin ich süchtig nach Facebook?**
    Mark Zuckerberg ist der CEO, Bitch
    Seite 50

BAUM Nr. 21 — 30

21. **Welches Getränk soll ich mir bestellen?**
    Wodka, Weißwein oder doch lieber Wasser
    Seite 52

22. **Wie wichtig ist meine Anwesenheit?**
    Keine Frage für Angela Merkel
    Seite 54

23. **Welcher Fußballverein passt zu mir?**
    „Stern des Südens" oder „Hamburg meine Perle"
    Seite 56

24. **Bin ich in sie verliebt?**
    Diese Frage ist nur für Männer
    Seite 58

25. **Bin ich in ihn verliebt?**
    Diese Frage ist nur für Frauen
    Seite 59

26. **Welche Musik soll ich während der Arbeit hören?**
    Bob Dylan oder Bravo Hits
    Seite 62

27. **Welche Religion passt zu mir?**
    Jesus, Mohammed oder doch lieber L. Ron Hubbard
    Seite 64

28. **Soll ich mein Geld in Aktien anlegen?**
    … oder gleich verbrennen?
    Seite 66

29. **Bin ich ein Gourmet, oder habe ich keine Ahnung von Essen?**
    Sterne gibt es nicht nur im Universum
    Seite 68

30. **Studiere ich das Richtige?**
    Woran du merkst, ob deine Fächerwahl zu dir passt
    Seite 70

BAUM Nr. 31 — 40

31. **Welches Instrument sollte ich lernen?**
    Blockflöte, Piano oder Alphorn
    Seite 72

32. **Kommt der Gestank von draußen?**
    Teste das, bevor du das Fenster öffnest
    Seite 74

33. **Muss ich zum Arzt, oder geht´s noch ein bisschen?**
    Mit Risiken und Nebenwirkungen
    Seite 76

34. **Brauche ich einen Auftragskiller?**
    … oder habe ich gar keine Erbschaft zu erwarten?
    Seite 78

35. **Ist das Kunst, oder kann das weg?**
    Auf den ersten Blick ist das nicht immer zu erkennen
    Seite 80

36. **Bin ich ein Computerfreak, oder habe ich keine Ahnung von Technik?**
    Nicht jede Maus ist auch ein Tier
    Seite 82

37. **Habe ich ein Geldproblem?**
    Teste deinen Umgang mit Moneten
    Seite 84

38. **Wo soll ich Urlaub machen?**
    Safari, Kreuzfahrt oder doch lieber an die Ostsee
    Seite 86

39. **Welches Haustier passt zu mir?**
    Wie Katze und Hund
    Seite 88

40. **Wäre ich ein guter Adliger?**
    Noblesse oblige
    Seite 90

BAUM Nr. 41 — 46

Eine große Frage braucht einen großen Baum — oder besser: Sechs Bäume in einem.

WO SOLL ICH LEBEN?

41. **Soll ich in die Stadt oder aufs Land ziehen?**
    Seite 94
42. **Welche Stadt passt zu mir?**
    Seite 95
43. **Wo auf dem Land soll ich leben?**
    Seite 96
44. **Könnte ich mir vorstellen, auf eine einsame Insel zu ziehen?**
    Seite 97
45. **Brauche ich mehr Nervenkitzel?**
    Seite 98
46. **Bin ich zufrieden?**
    Seite 99

BAUM Nr. 47 — 50

47. **Welchen Fernsehsender soll ich einschalten?**
    Pro Sieben, Arte oder n-tv
    Seite 100
48. **Soll ich kochen oder was zu essen bestellen?**
    Teste, ob du besser den Lieferservice anrufst
    Seite 102
49. **Brauche ich eine neue Badehose?**
    Woran du merkst, ob dein Outfit noch passt
    Seite 104
50. **Welche Partei soll ich wählen?**
    Alles gut, solange es nicht die NPD ist
    Seite 106

BAUM Nr. 51 — 60

51. **Brauche ich eine Alkoholpause?**
    … oder kann ich noch eine Weile weitersaufen?
    Seite 108
52. **Sind wir mehr als nur Freunde?**
    Harry und Sally wissen die Antwort bereits
    Seite 110
53. **Wäre ich ein guter Chef?**
    Teste deine Führungsqualitäten
    Seite 112
54. **Wer ist der Mörder im Tatort?**
    Die einzig wahre Sonntagsfrage
    Seite 114
55. **Bin ich gut in Mathe?**
    Damit kannst du rechnen
    Seite 116
56. **Wurde ich letzte Nacht von Aliens entführt?**
    …
    Seite 118
57. **Bin ich ein guter Mieter?**
    Das kommt auf deine Schufa-Auskunft an
    Seite 120
58. **Soll ich ihn küssen?**
    Tu es einfach
    Seite 122
59. **Soll ich Trinkgeld geben?**
    Im Zweifel: zehn Prozent
    Seite 124
60. **Bin ich ein Freak?**
    Woran du merkst, ob du verrückt bist
    Seite 126

BAUM Nr. 61 — 70

61. Wie vertrauenswürdig bin ich?
Deutschland oder Griechenland
Seite 128

62. Kennen wir uns?
… oder ist das nur eine plumpe Anmache?
Seite 130

63. Soll ich sie küssen?
Tu es einfach
Seite 132

64. Habe ich einen guten Humor?
Witzbold oder Wichtigtuer
Seite 134

65. Wie lautet mein Porno-Name?
Maxi Utz
Seite 136

66. Wäre ich ein guter Polizist?
Nur, wenn du Filterkaffee verträgst
Seite 138

67. In welche Talkshow soll ich gehen?
Wütend bei Will oder Langeweile bei Lanz
Seite 140

68. Liebt er/sie mich?
Für alle, die jünger als 30 sind
Seite 144

69. Für alle, die älter als 30 sind
Seite 145

70. Wie grün bin ich wirklich?
LOHA oder Umweltschwein
Seite 146

BAUM Nr. 71 — 80

71. Muss ich hier aussteigen?
Wie du dein Ziel erkennst
Seite 148

72. Welches Fastfood macht mich an?
Die goldene Möwe oder doch lieber König der Burger
Seite 150

73. Bin ich zu dick?
… oder habe ich wirklich schwere Knochen?
Seite 152

74. Soll ich ein Fass aufmachen?
Teste, ob du durstig oder wütend bist
Seite 154

75. Sind wir nur Kumpels oder noch immer ein heißes Gespann?
Für Paare, die sich nicht mehr sicher sind
Seite 156

76. Bin ich ein Bürohengst oder der Depp vom Dienst?
Jammerlappen oder Bernd Stromberg
Seite 158

77. Soll ich Gas geben oder anhalten?
So kannst du deinen Schein behalten
Seite 160

78. Bin ich ein heißer Feger oder ein Jammerlappen?
Finde raus, warum du noch Single bist
Seite 162

79. Soll ich die Party verlassen?
… oder noch ein Bier trinken?
Seite 164

80. Gehen wir zu mir oder zu dir?
Kommt drauf an, ob du eine Katze hast
Seite 166

BAUM Nr. 81 — 90

81. War ich peinlich?
Je ne regrette rien
Seite 168

82. Will mein Partner mit mir Schluss machen?
Woran du merkst, ob du bald Single bist
Seite 170

83. Habe ich das Zeug zum Promi?
Boxenluder oder König von Schweden
Seite 172

84. Habe ich den Verstand verloren?
Die Antwort ist ganz einfach
Seite 174

85. Ist mein Job lebensgefährlich?
Teste, ob du eine Arbeitsunfähigkeitsversicherung brauchst
Seite 176

86. Habe ich den Herd ausgemacht?
Oh je
Seite 178

87. Soll ich anrufen oder abwarten?
Nimm doch mal den Hörer in die Hand
Seite 180

88. Soll ich einen Heiratsantrag machen?
Vielleicht ist dein Partner ja zum Niederknien
Seite 182

89. Soll ich ein Kind zeugen?
… oder behalte ich meinen Genpool für mich?
Seite 184

90. Führe ich ein gutes Leben?
Ende aus, Micky Maus
Seite 186

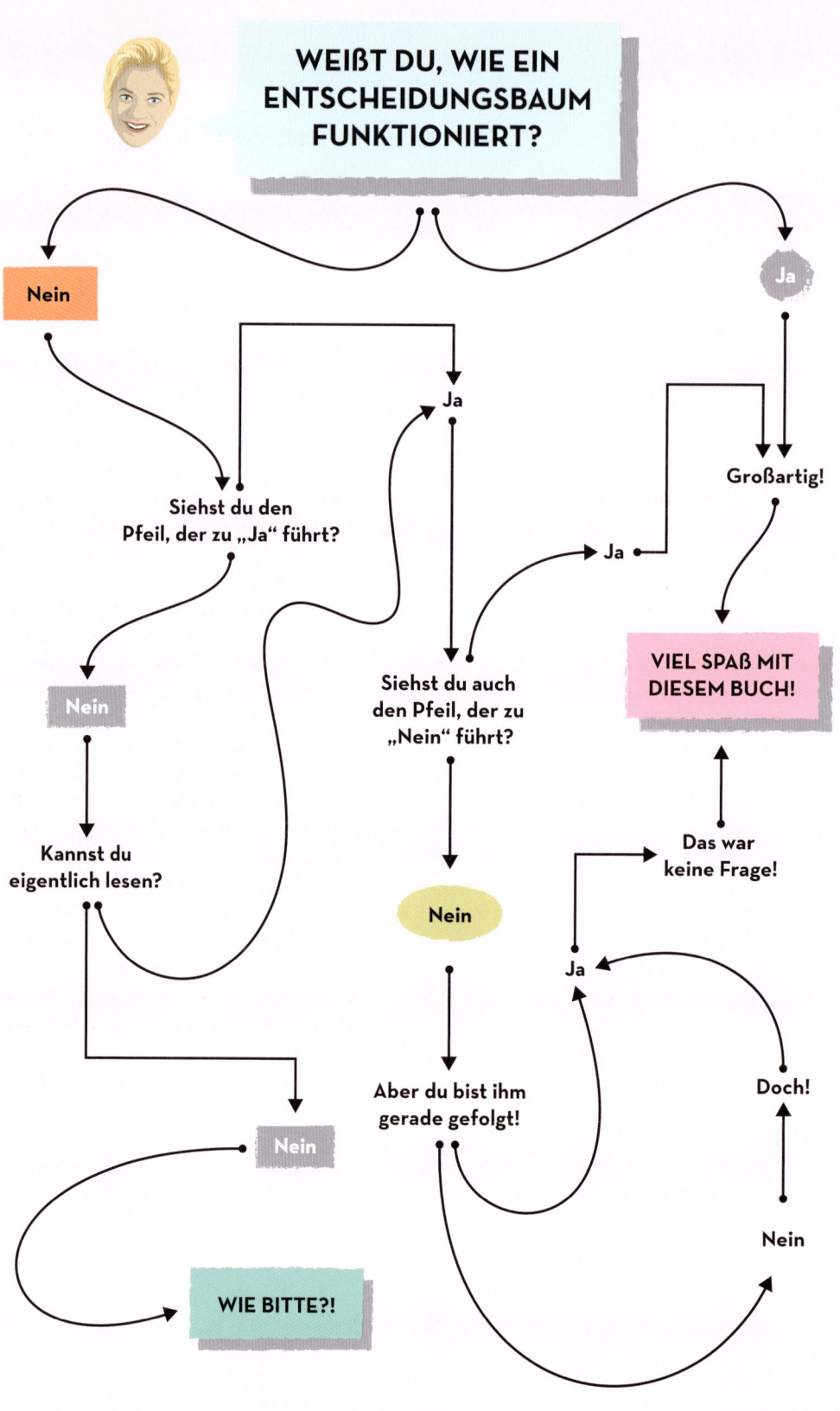

Vorwort

Mit Entscheidungen haben es sich die Leute noch nie leicht gemacht. Warum auch? Lange Zeit ahnten wir es, heute ist es bewiesen: Bereits winzige Entscheidungen können das Leben im Großen dramatisch verändern. Forscher nennen das den Schmetterlingseffekt und stellen die Frage: Kann der Flügelschlag eines Schmetterlings in Brasilien einen Tornado in Texas auslösen? Sicher ist, dass es wohl Tausende Menschen gibt, die den besten Flirt ihres Lebens verpasst haben, weil sie zehn Minuten zu früh von der Party gegangen sind.

Es wird immer mehr, wofür oder wogegen wir uns tagtäglich entscheiden müssen: Denn je individueller eine Gesellschaft ist, desto größer ist die Auswahl, desto schwerer fällt es, sich auf eine Sache festzulegen. Die Angst vor der falschen Wahl ist größer als die Freude über einen möglichen Treffer.

Es gibt ein interessantes Experiment, das eine amerikanische Psychologin im Jahr 2000 in einem Supermarkt durchgeführt hat: Die Wissenschaftlerin baute dort jeweils einen Stand mit sechs und einen Stand mit 24 verschiedenen Sorten Marmelade auf. Wo wurde am Ende mehr gekauft? Bei dem Stand mit der größeren Auswahl? Von wegen. Dort kauften nur drei Prozent der Kunden ein Produkt; bei dem Stand mit der kleineren Auswahl waren es immerhin dreißig Prozent. Dumm nur, dass man im Alltag nicht für künstliche Knappheit sorgen kann. Würden wir freiwillig alle Fernsehsender bis auf einen sperren – nur, damit wir uns abends nicht mehr zwischen Tagesschau und Trash-Soap entscheiden müssen? Wahrscheinlich nicht.

Um auf Nummer sicher zu gehen, und das Schicksal nicht etwa durch eine falsche Entscheidung negativ zu beeinflussen, bedienten sich die Menschen immer schon kleiner Hilfsmittel – mehr oder weniger erfolgreich. Nachdem er das Orakel befragt hatte, wurde Ödipus zum Mörder seines Vaters und gleichzeitig zum Ehemann seiner Mutter. Ebenso wenig treffsicher sind Kaffeesatzlesen, Sterne deuten oder Karten legen. Deshalb gibt es immer mehr Wissenschaftler, die sich auf ziemlich komplizierte Nutzwertanalysen oder Rational-Choice-Theorien verlassen.

Für die Hin-und-her-Überleger und für alle, die sich über die Banalitäten des Alltags nicht mehr so viele Gedanken machen wollen, gibt es jetzt eine viel bessere und einfachere Lösung: den Entscheidungsbaum. Ursprünglich wird er in der trockenen Welt der Informatik benutzt. Er ist eine systematische Denkhilfe, eine Problemlösung, die dem Betrachter alle Möglichkeiten aufzeigt – und die jeweiligen Konsequenzen. Er stellt eine erste Ausgangsfrage, danach muss man nur den Pfeilen folgen, und am Ende ist eine Lösung garantiert. Das Beste aber ist: Bei jeder Frage muss man sich immer wieder neu entscheiden und lernt somit schon im Kleinen, worauf es im Großen ankommt. Und zwar: Wir müssen keine Angst vor Fehlentscheidungen haben. Natürlich sollte man die Konsequenzen einer Wahl kennen, aber es lohnt sich meistens nicht, lange darüber zu grübeln. Die meisten Dinge kann man sowieso rückgängig machen. Und schlimmer als eine falsche Wahl zu treffen ist bloß eines: gar keine zu haben.

HEIKE KOTTMANN

Bäume + text

Entweder oder DOCH

BENI HASLIMEIER
Illustration

VIELLEICHT LIEBER JA

01. Soll ich aufstehen oder liegen bleiben?

Woran du merkst, ob du dich schnell aus den Kissen schälen solltest oder doch noch eine Weile träumen darfst.

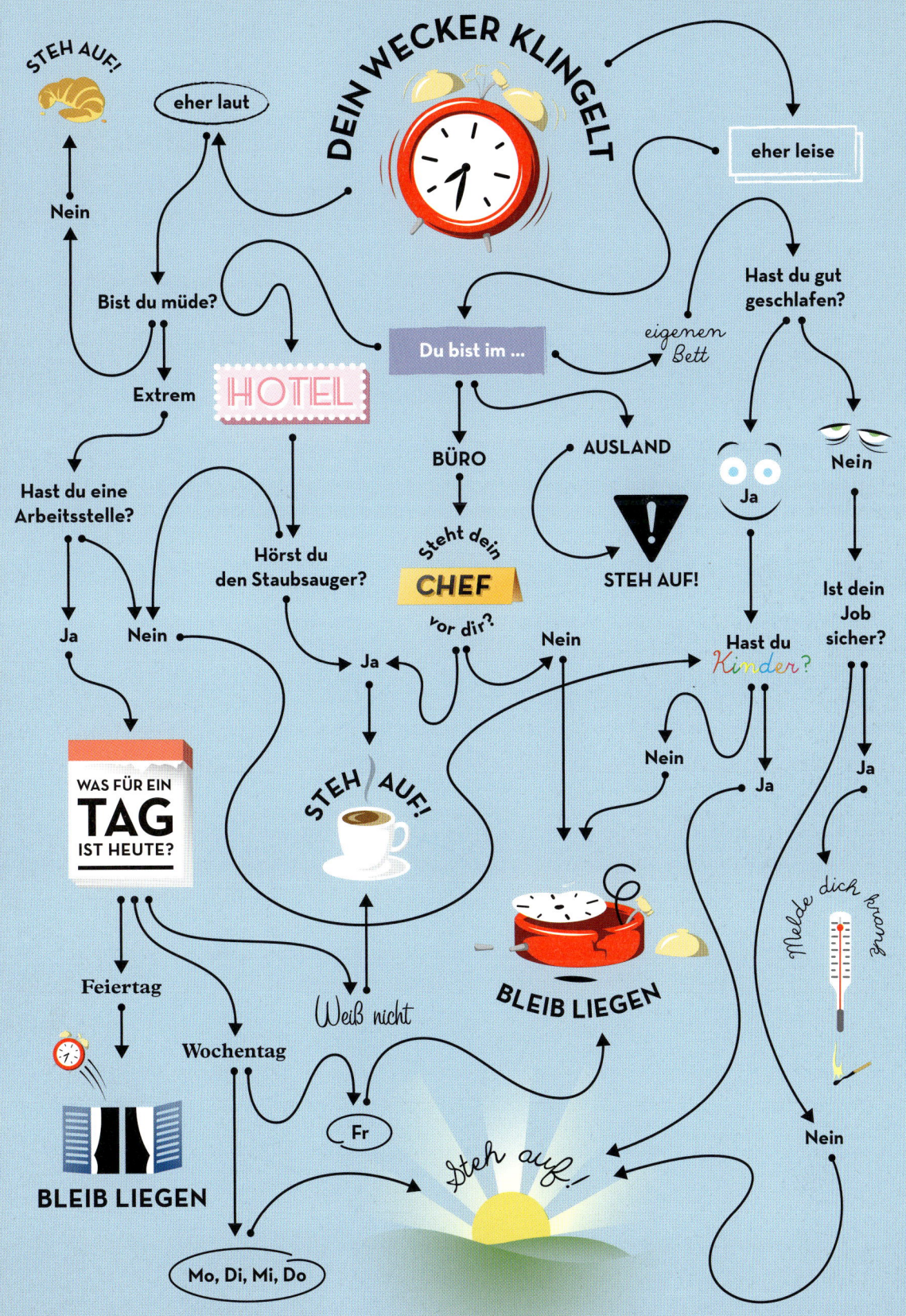

02. Soll ich diesen Brief öffnen?

Wer den Umschlag gegen das Licht hält, erkennt vielleicht Geldscheine, schlechte Nachrichten aber noch lange nicht.

03. Welches Tattoo passt zu mir?

Schmetterling, Rose oder brennendes Kreuz: Wer später mal Bundeskanzler werden will, sollte sich vorher überlegen, was er sich auf die Haut stechen lässt.

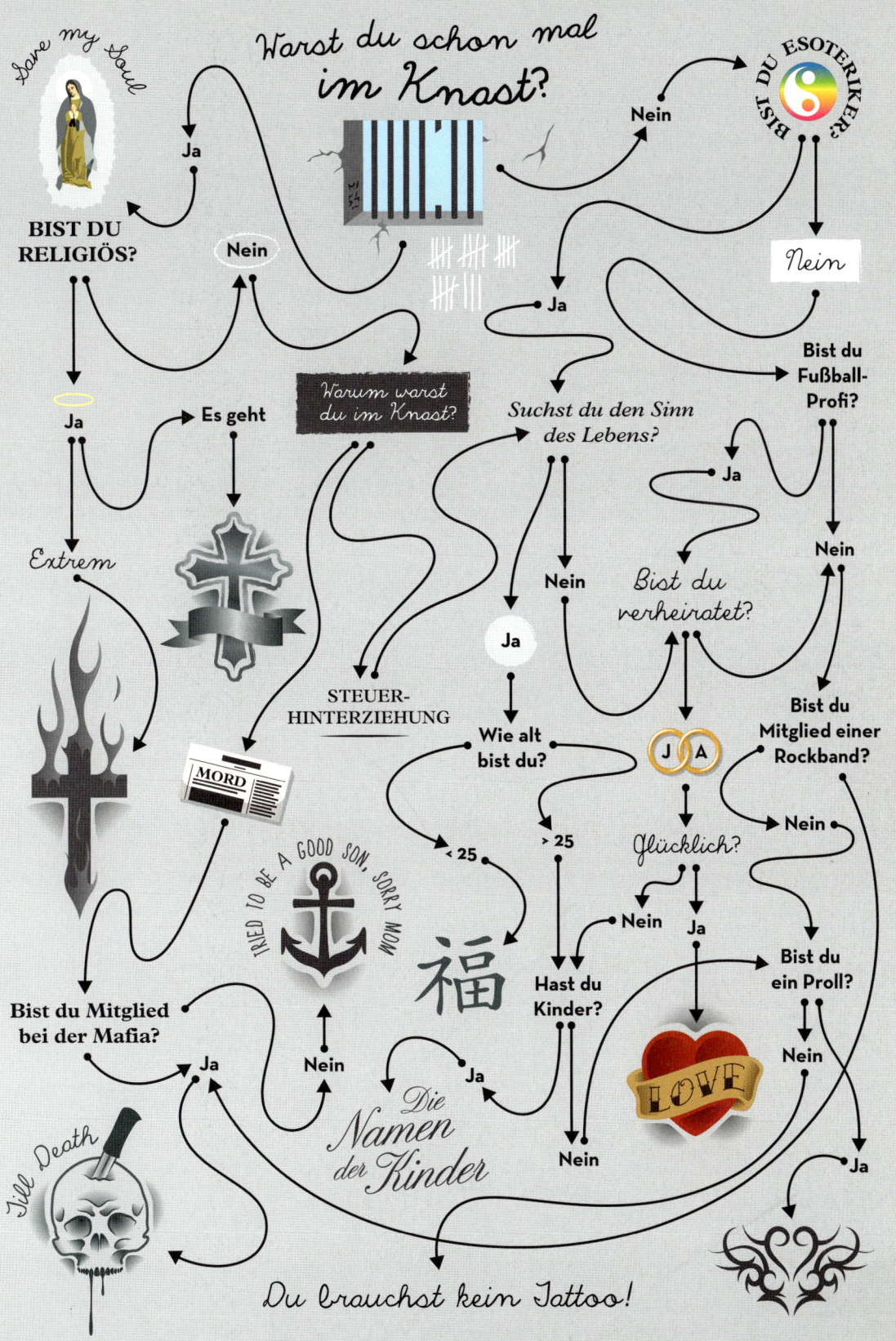

04. Bin ich gut in meinem Job?

Workaholic oder Faultier: Falls dein Chef dich neuerdings öfter auf deine Kündigungsfrist anspricht, solltest du jedenfalls hellhörig werden.

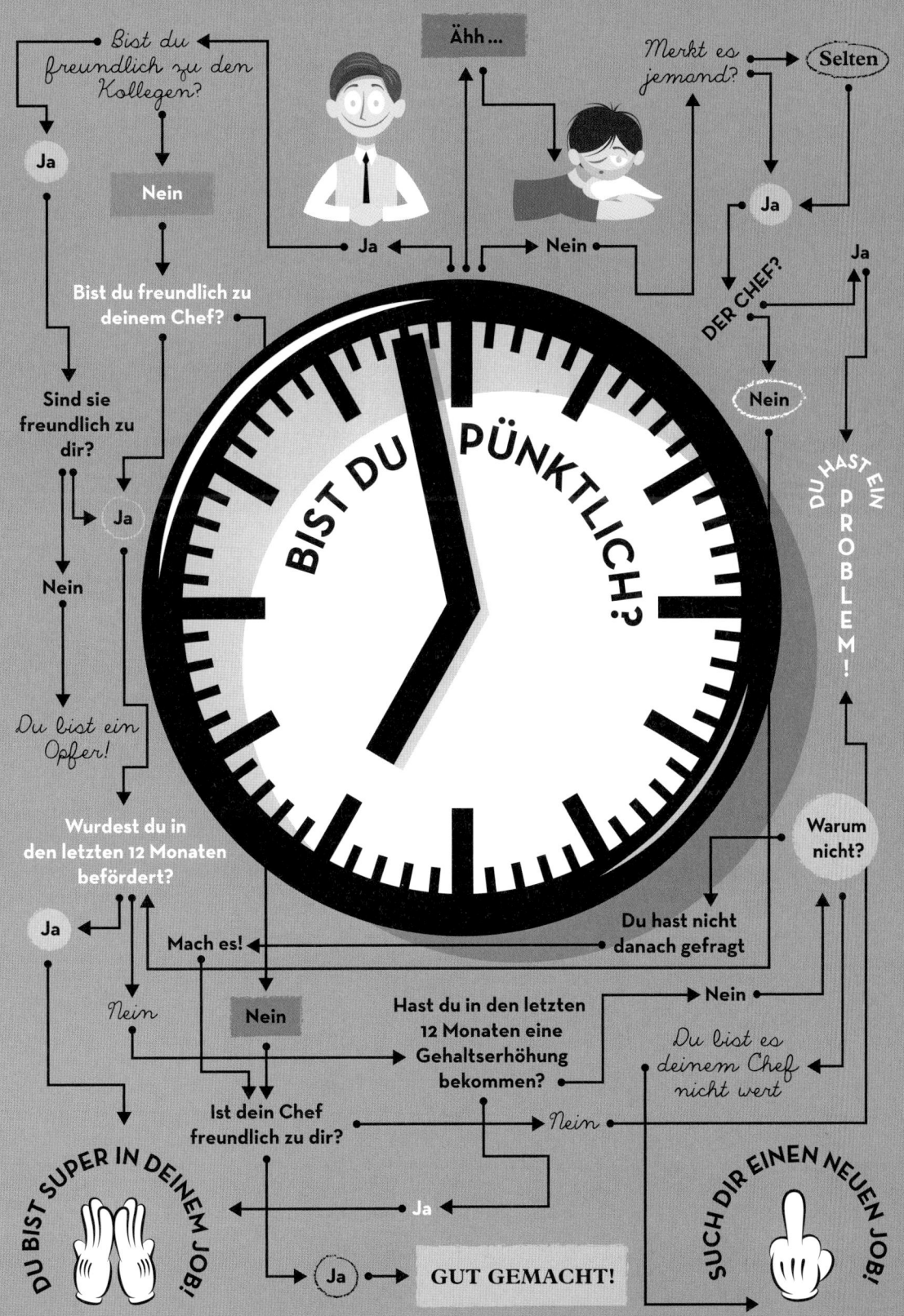

05. Sind wir beste Freunde?

Schon klar: Die besten Freunde sind diejenigen, die alles von uns wissen – und trotzdem zu uns halten. Was das genau bedeutet, steht rechts.

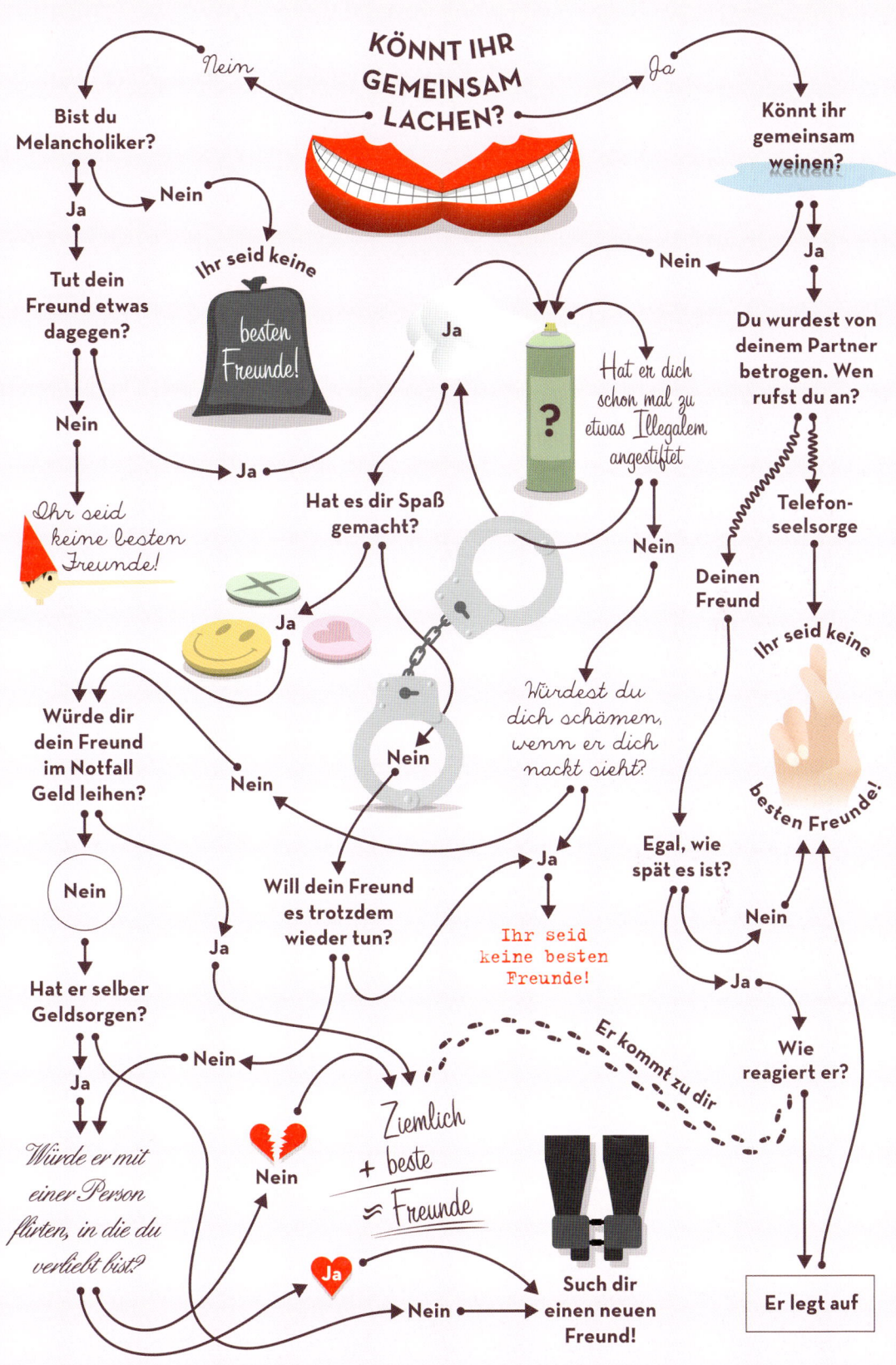

06. Welche Sportart passt zu mir?

Woran du merkst, welche Bewegung dir guttun könnte und welche Aktivität dir bloß Ärger macht.

07. Kann man das noch essen?

Bevor du drei Tage mit einer Lebensmittelvergiftung flachliegst, frag dich lieber mal, ob Kühe wirklich grüne Milch geben.

08. Ist mein Nachbar kriminell?

Woran du merkst, ob der nette Mann von nebenan in seiner Freizeit Knochen sammelt.

09. Warum geht mir kein Licht auf?

Wer das im Dunkeln liest, braucht sich nicht wundern. Wem es im Hellen nicht dämmert, der bekommt hier noch eine letzte Chance.

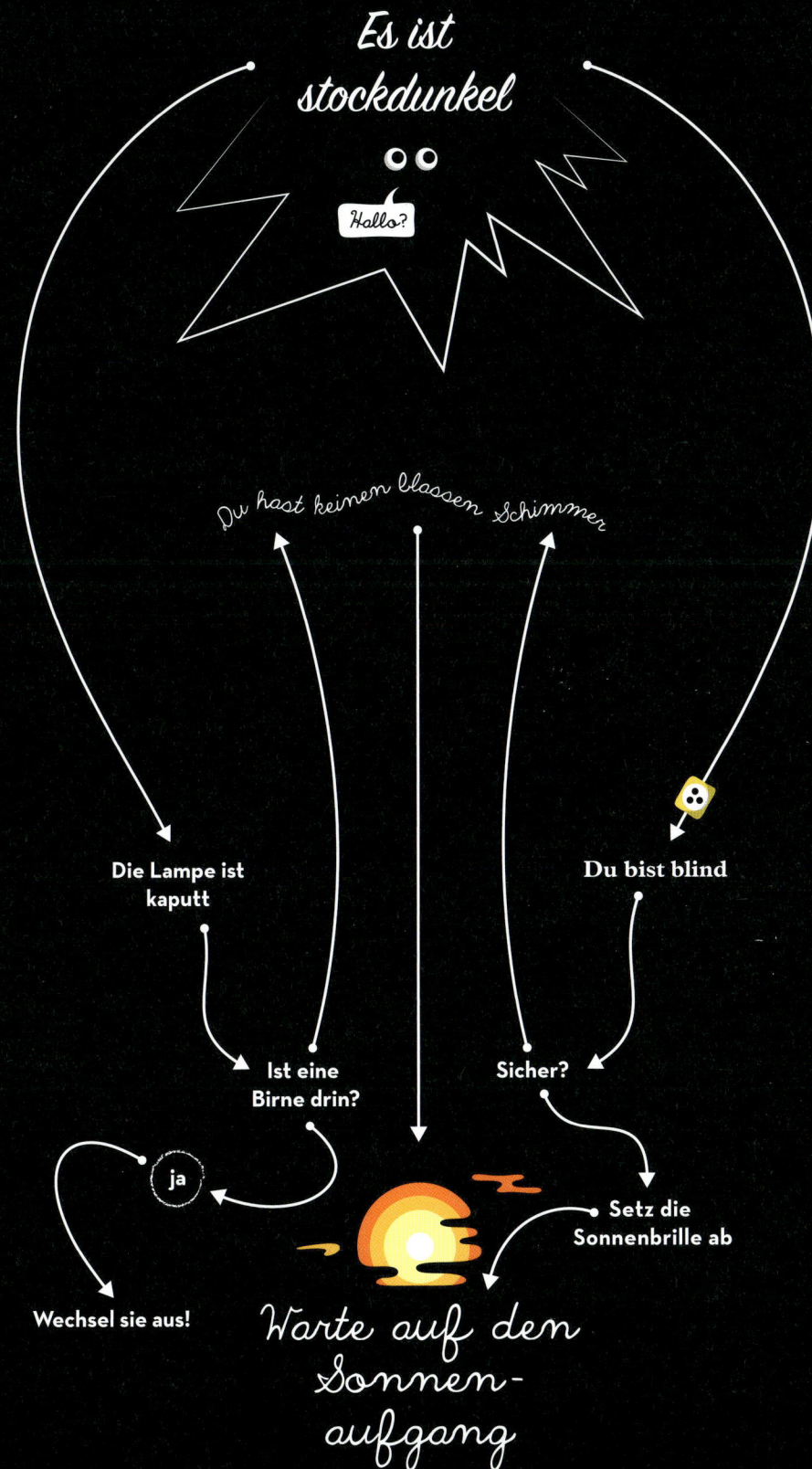

10. Welcher Superheld könnte ich sein?

Peter Parker wurde von einer Spinne gebissen, Dr. Banner hat zu viel Gammastrahlung abbekommen und Bruce Wayne ist einfach nur ziemlich sportlich: In jedem Normalo steckt ein potenzieller Actionstar. Du solltest nur wissen, welcher in dir steckt.

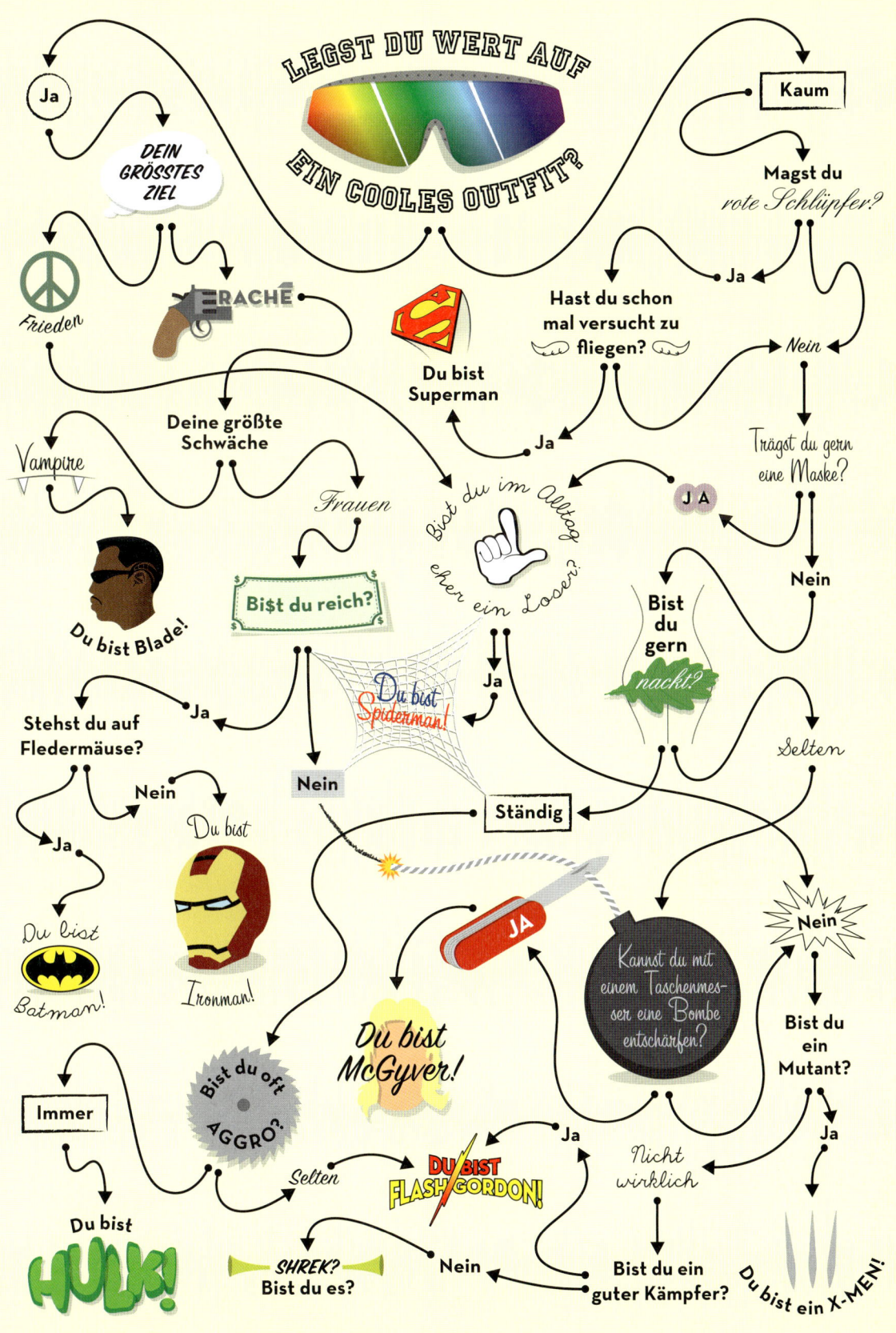

11. Bin ich schön?

Achtung: Wer mit der Antwort nicht leben kann, sollte besser weiterblättern.

12. Werde ich heute noch Sex haben?

So erfährst du, ob du die Kondome schon mal auf den Nachttisch legen solltest oder den fleischfarbenen Liebestöter anlassen kannst.

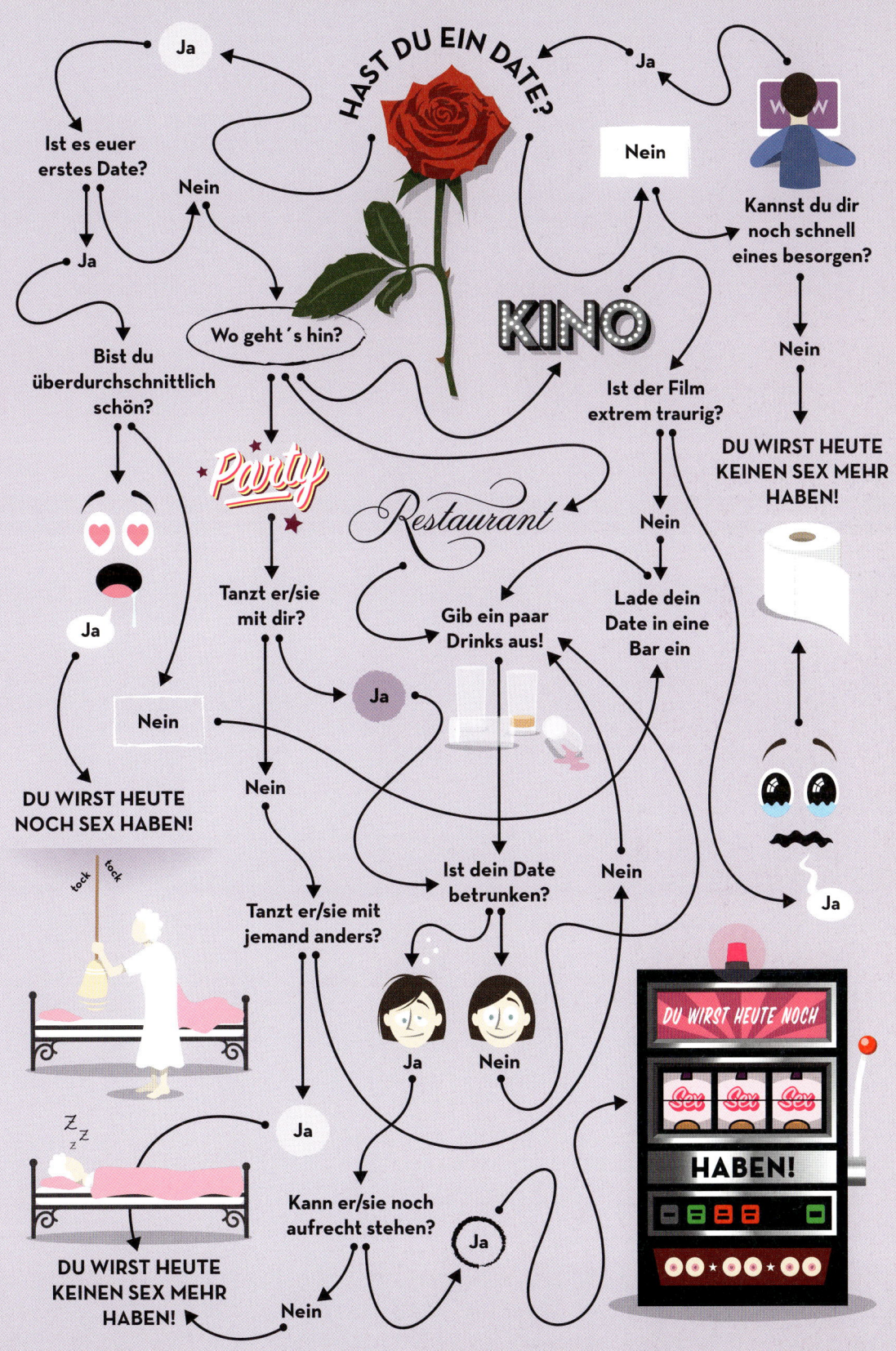

13. Muss ich mein Bett frisch beziehen?

Woran du merkst, ob du mal wieder die Laken wechseln solltest oder noch eine Weile in deinem Dreck liegen bleiben kannst.

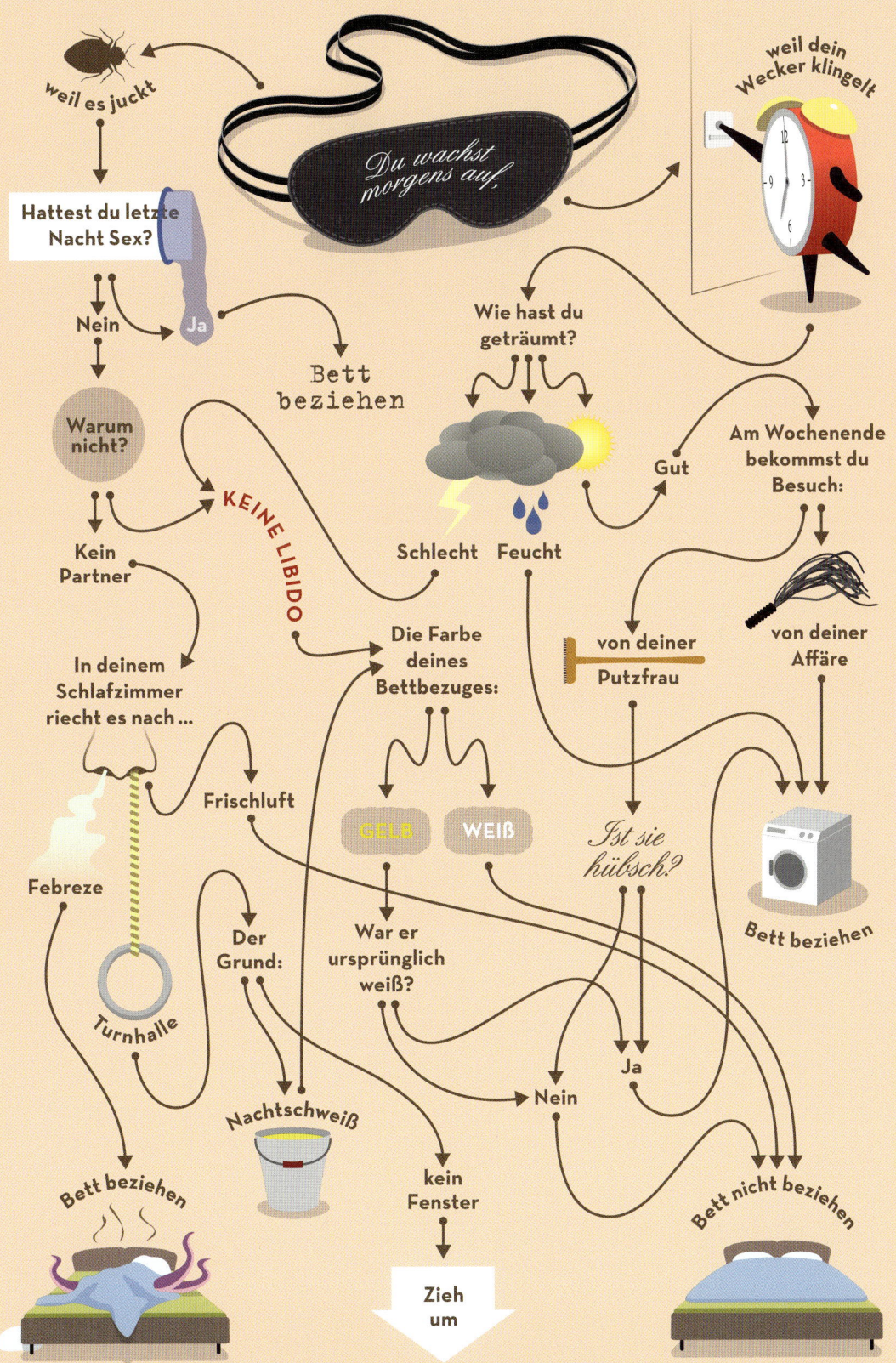

14. Bin ich ein guter Handwerker?

„Selbst ist der Mann" oder „Rette sich, wer kann": Bevor du Stromkabel verlegst, solltest du erst mal deine Qualitäten abklopfen.

15. Muss ich zum Friseur, oder geht´s noch ein bisschen?

Selten fühlst du dich hilfloser, als wenn du mit nassen Haaren vor einem Spiegel sitzt und ein Fremder hinter deinem Rücken mit einer Schere rumfuchtelt. Die Frage darfst du dir also ruhig mal stellen.

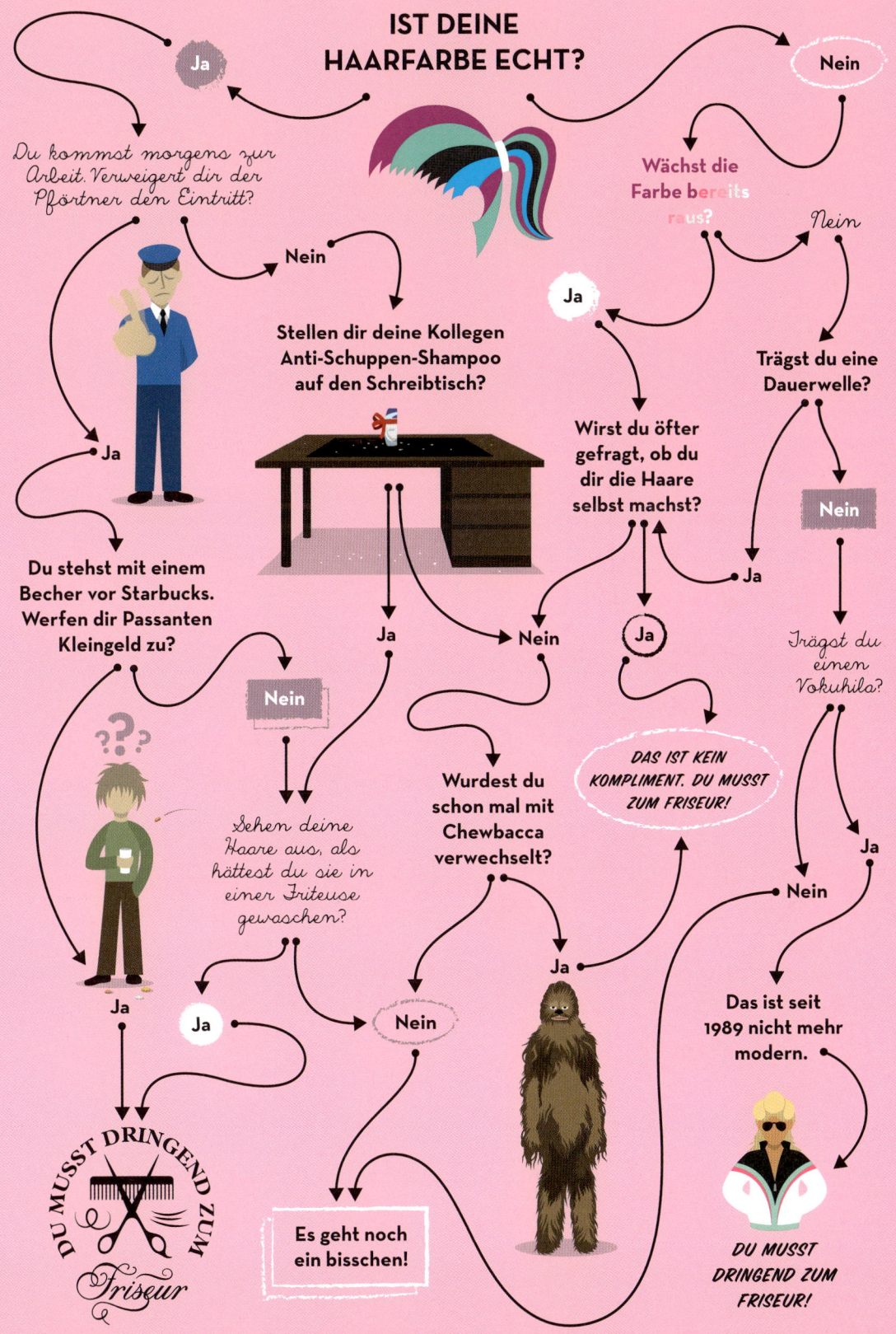

16. Was ist das Licht am Ende des Tunnels?

Vielleicht ist das die letzte aller Fragen, schade, dass man die Antwort fast immer für sich behält.

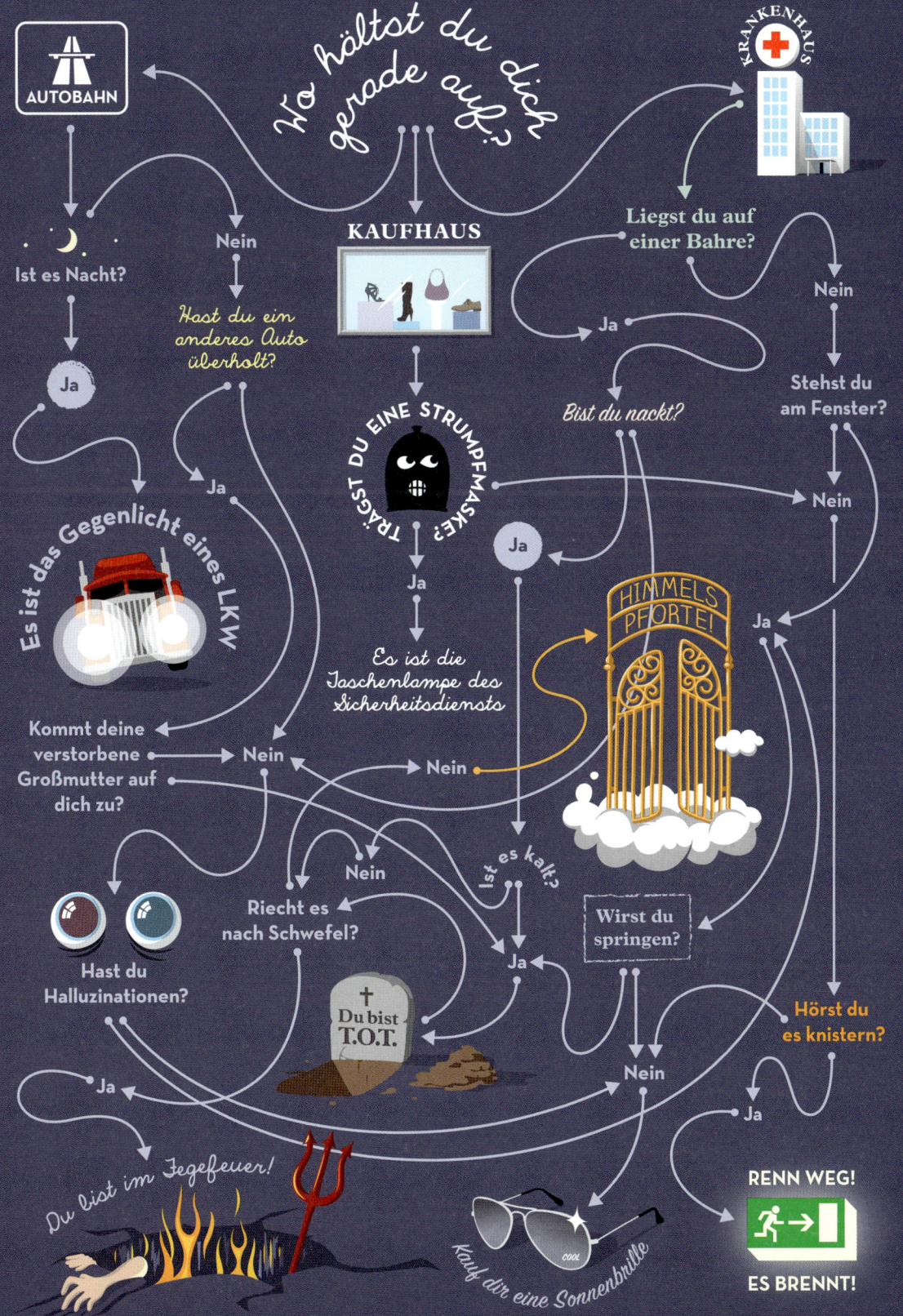

17. Wäre ich ein guter Diktator?

Saddam, Gaddafi oder Kim Jong-un: ein Test für alle Bösen dieser Erde und diejenigen, die gern ein bisschen mächtiger wären als der Rest.

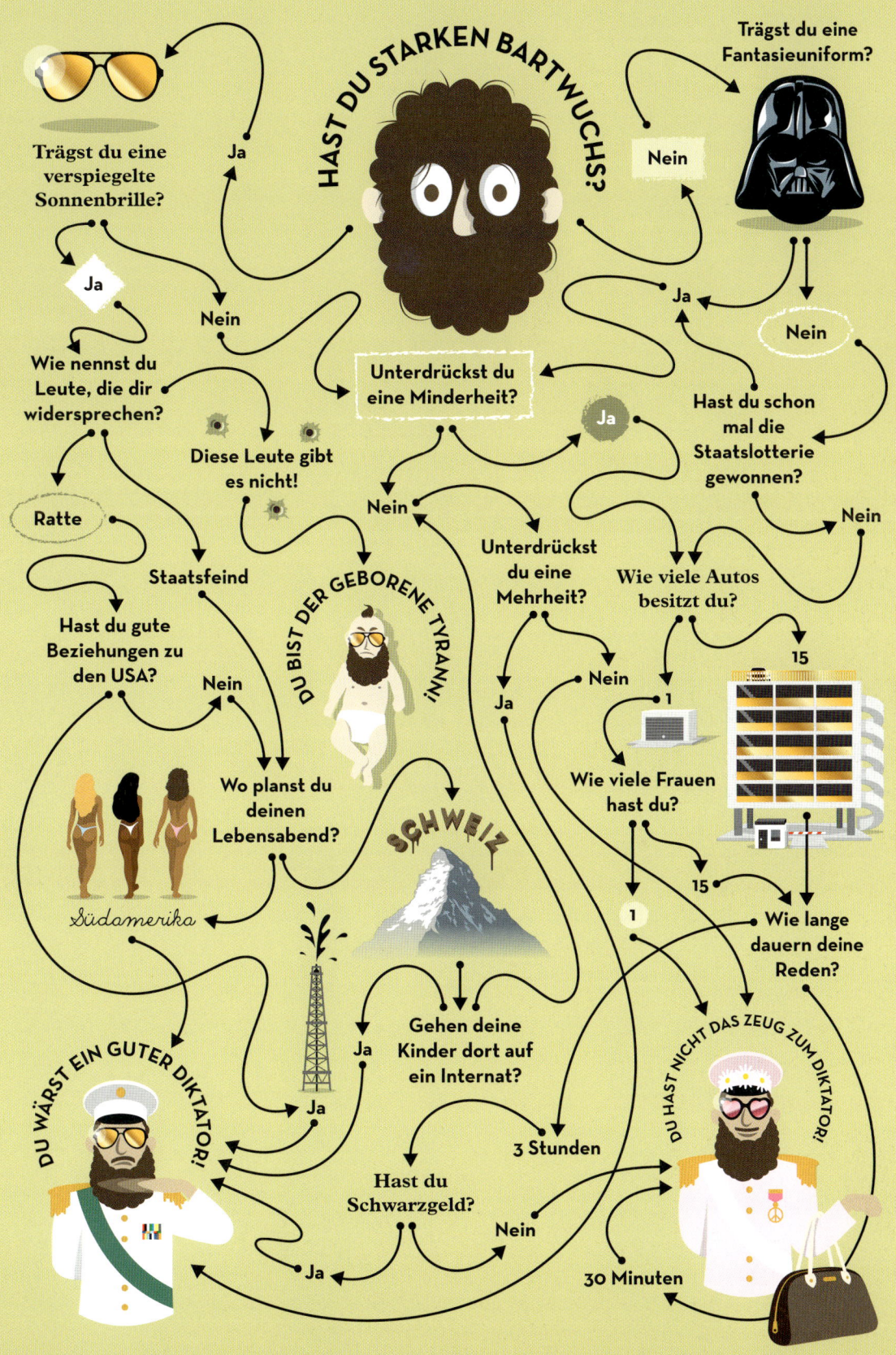

18. Fängt es gleich an zu regnen?

Man könnte auch sagen: miese Frage, um einen Smalltalk zu beginnen. Aber wen die Antwort wirklich interessiert: Die einzig korrekte Wettervorhersage macht sowieso nur die NASA.

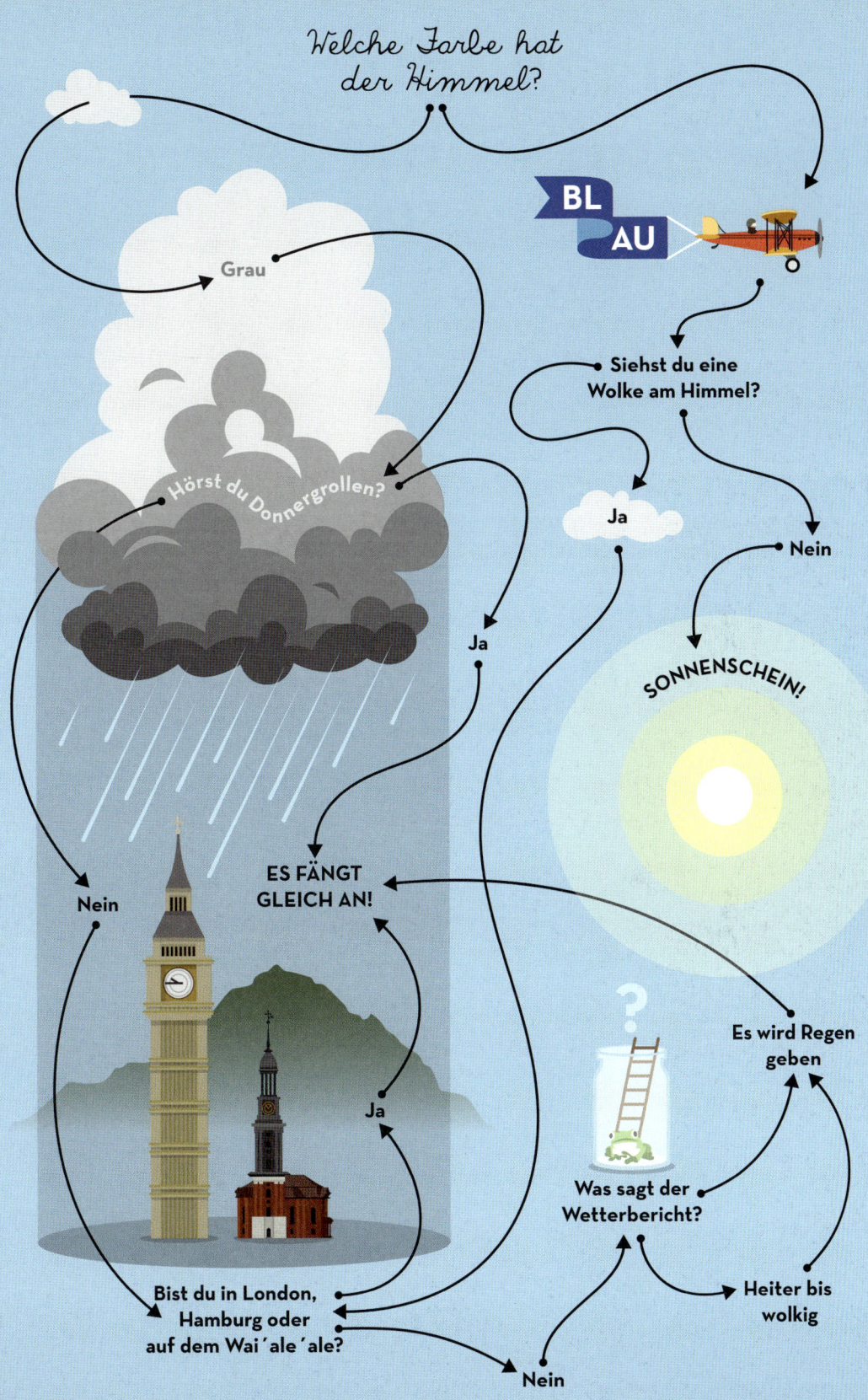

19. Bin ich im falschen Film?

Woran man rechtzeitig merkt, ob man das Kino verlassen sollte oder gerade seinen neuen Lieblingsstreifen sieht.

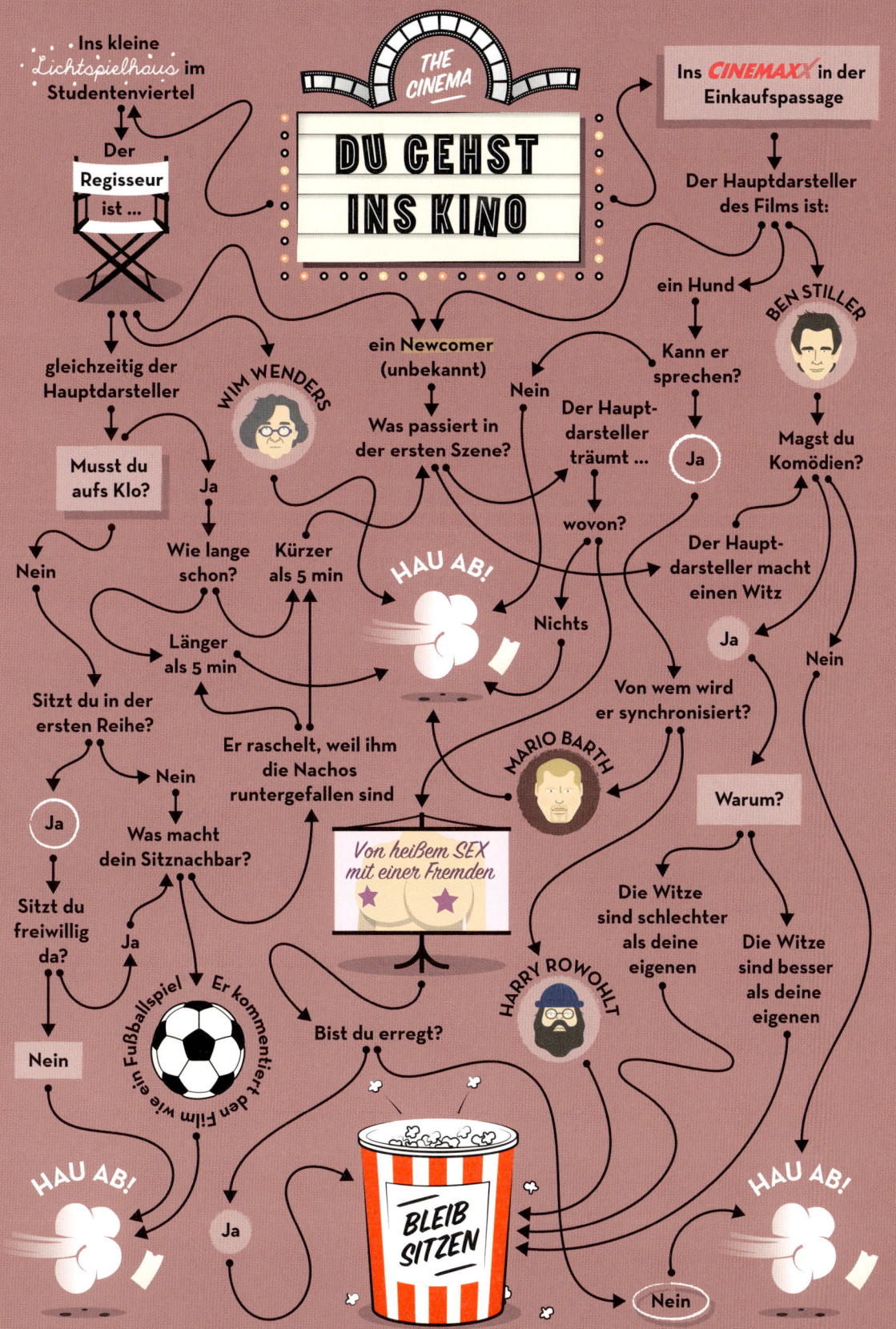

20. Bin ich süchtig nach Facebook?

Keine Macht den Drogen, klar. Dumm nur, wenn man dafür sogar den Computer aus dem Fenster werfen muss.

21. Welches Getränk soll ich mir bestellen?

Martini geschüttelt, Wodka pur oder ein Glas Rotwein: eine Entscheidungshilfe, wenn du nicht weißt, was du trinken sollst.

22. Wie wichtig ist meine Anwesenheit?

Im Büro, auf der Weihnachtsfeier oder bei der Hochzeit deiner Stiefmutter: Hier kommt die universelle Lösung, ob du hinmusst oder machen kannst, worauf du Lust hast.

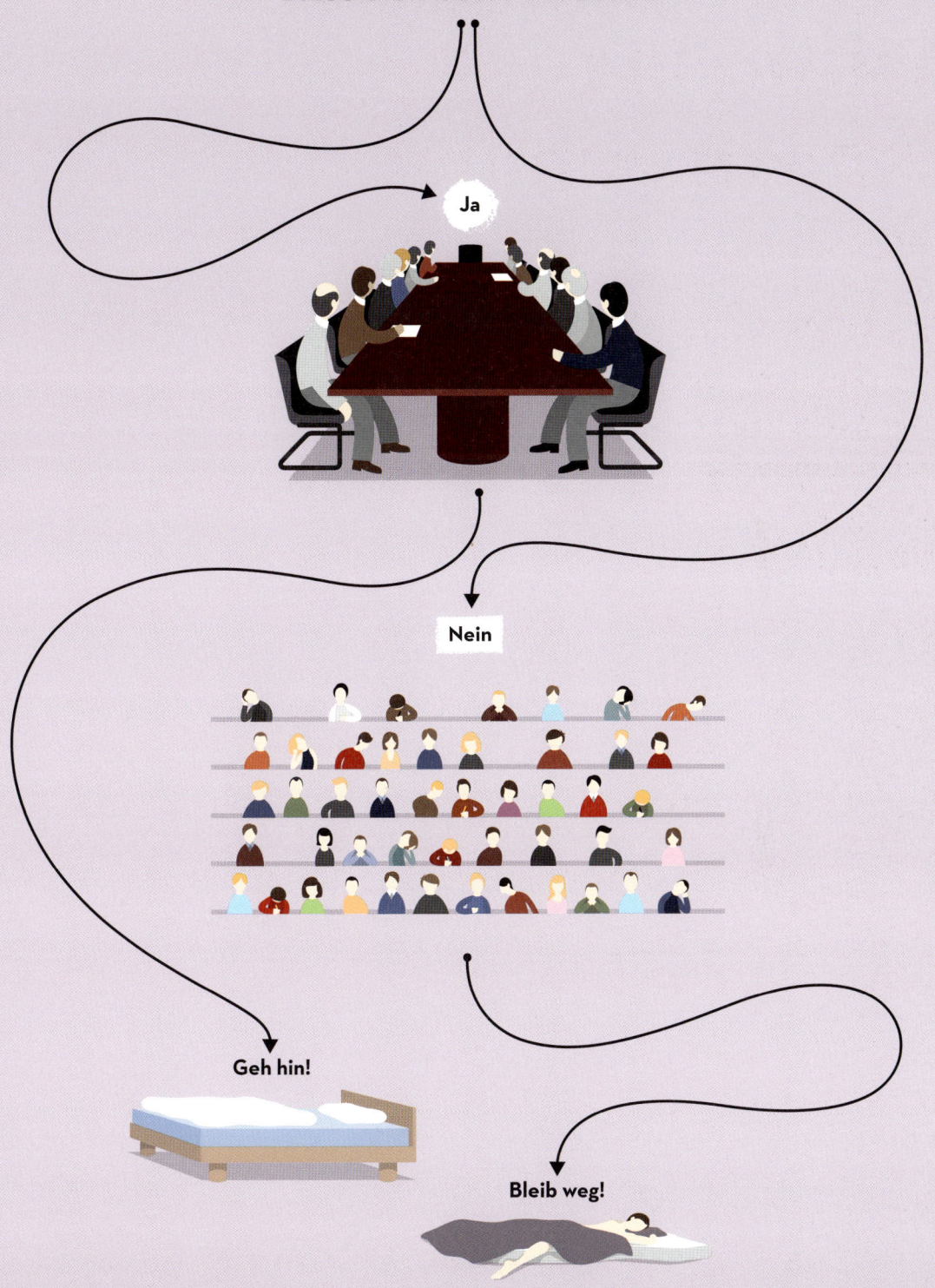

23. Welcher Fußballverein passt zu mir?

So weißt du, welchen Club du in der Bundesliga anfeuern sollst und für welchen du besser Schmählieder dichtest.

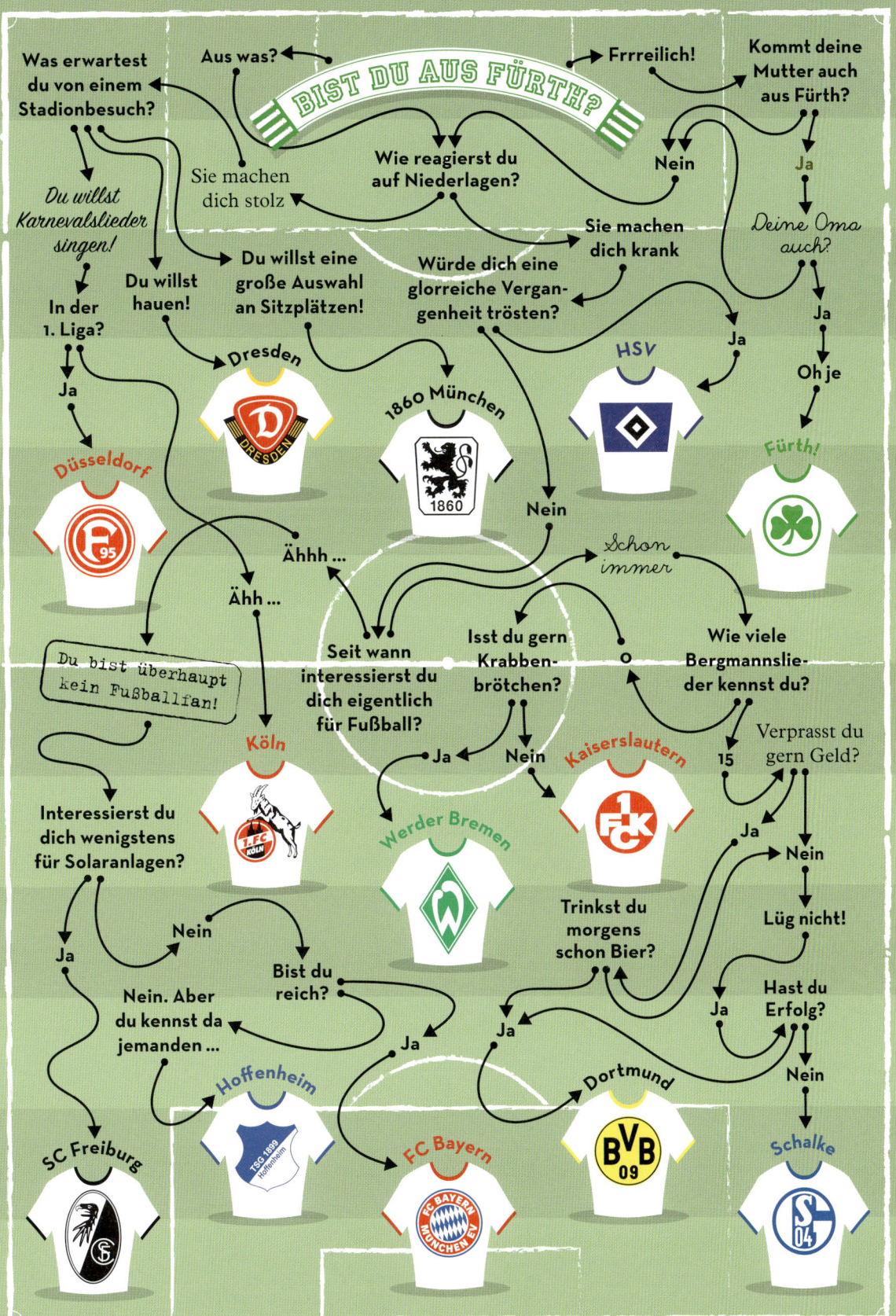

24.
Bin ich in sie verliebt?

Woran du als *Mann* merkst, ob eine Frau der Auslöser für das Herzrasen ist oder du schleunigst zum Cardioscan gehen solltest.

25.
Bin ich in ihn verliebt?

Woran du als *Frau* merkst, ob ein Mann der Auslöser
für dein chronisches Grinsen ist
oder du weniger Tabletten nehmen solltest.

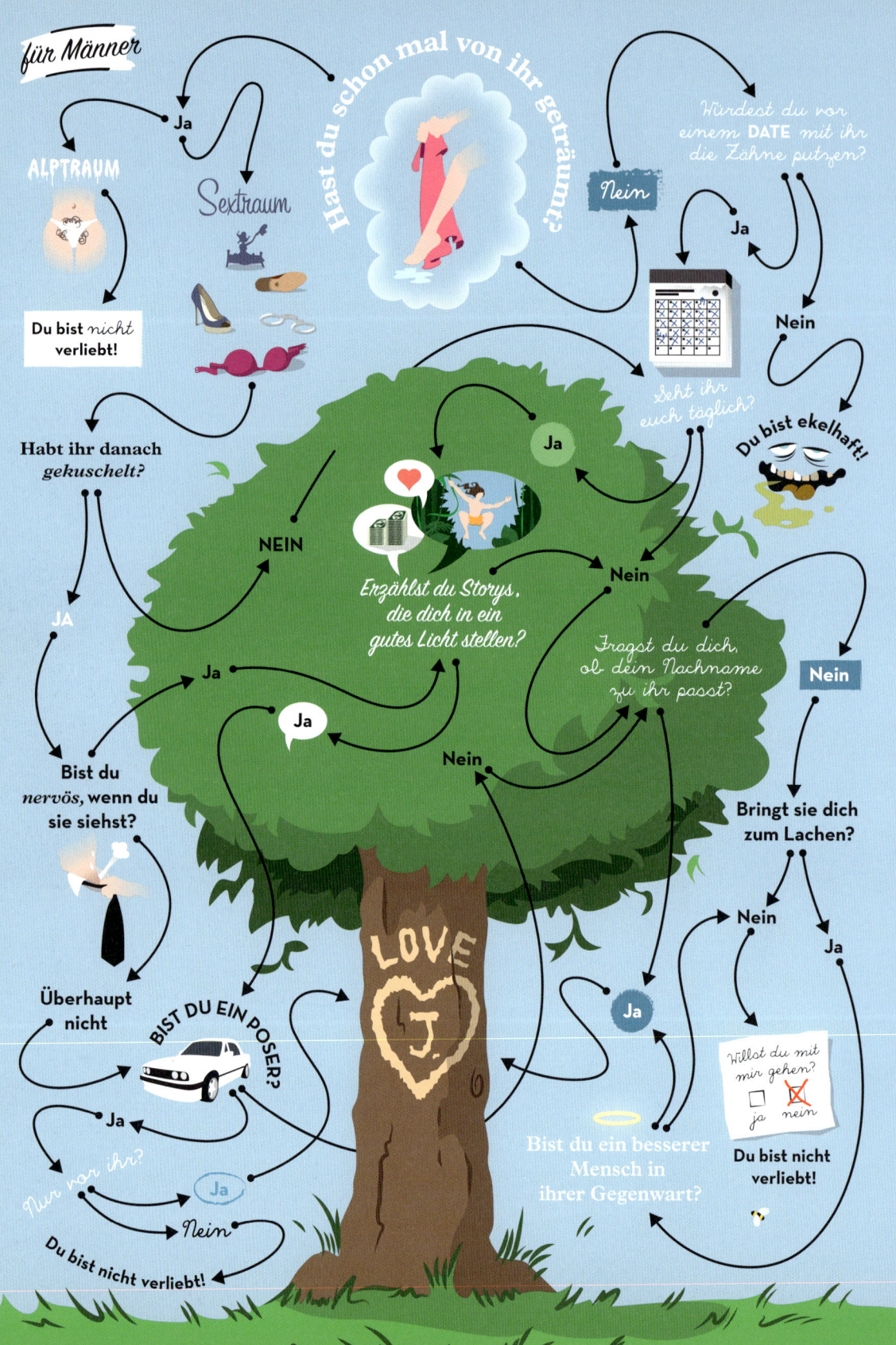

26. Welche Musik soll ich während der Arbeit hören?

The xx oder doch lieber Tina Turners Greatest Hits: Mit welchen Songs du dich in der Firma beschallst, verrät nicht nur einiges über dich sondern auch über deinen Job.

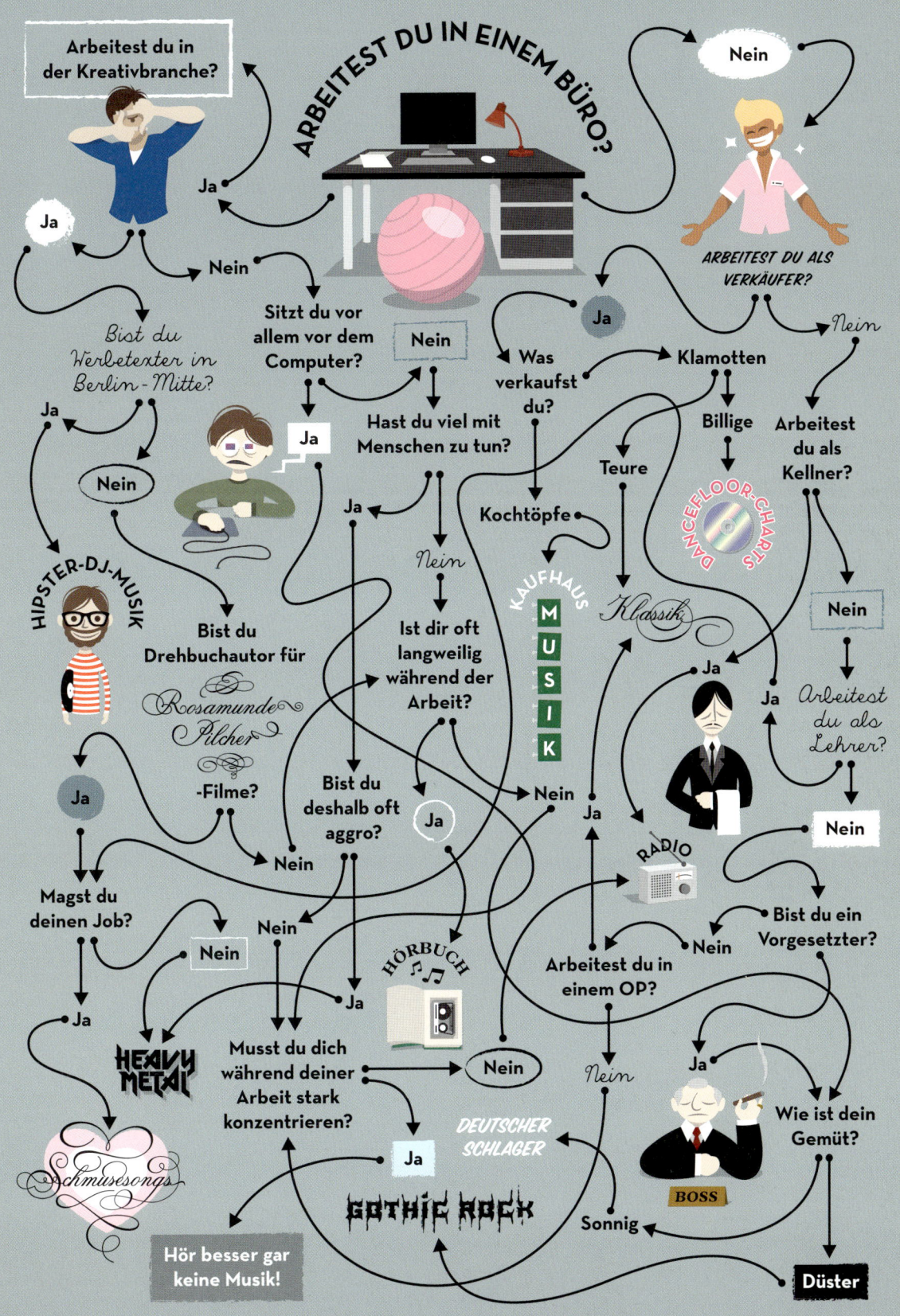

27. Welche Religion passt zu mir?

„Vater unser" oder doch lieber „Inshallah": Gott würfelt zwar nicht, ein paar Fragen hat er aber doch an potenzielle Anhänger.

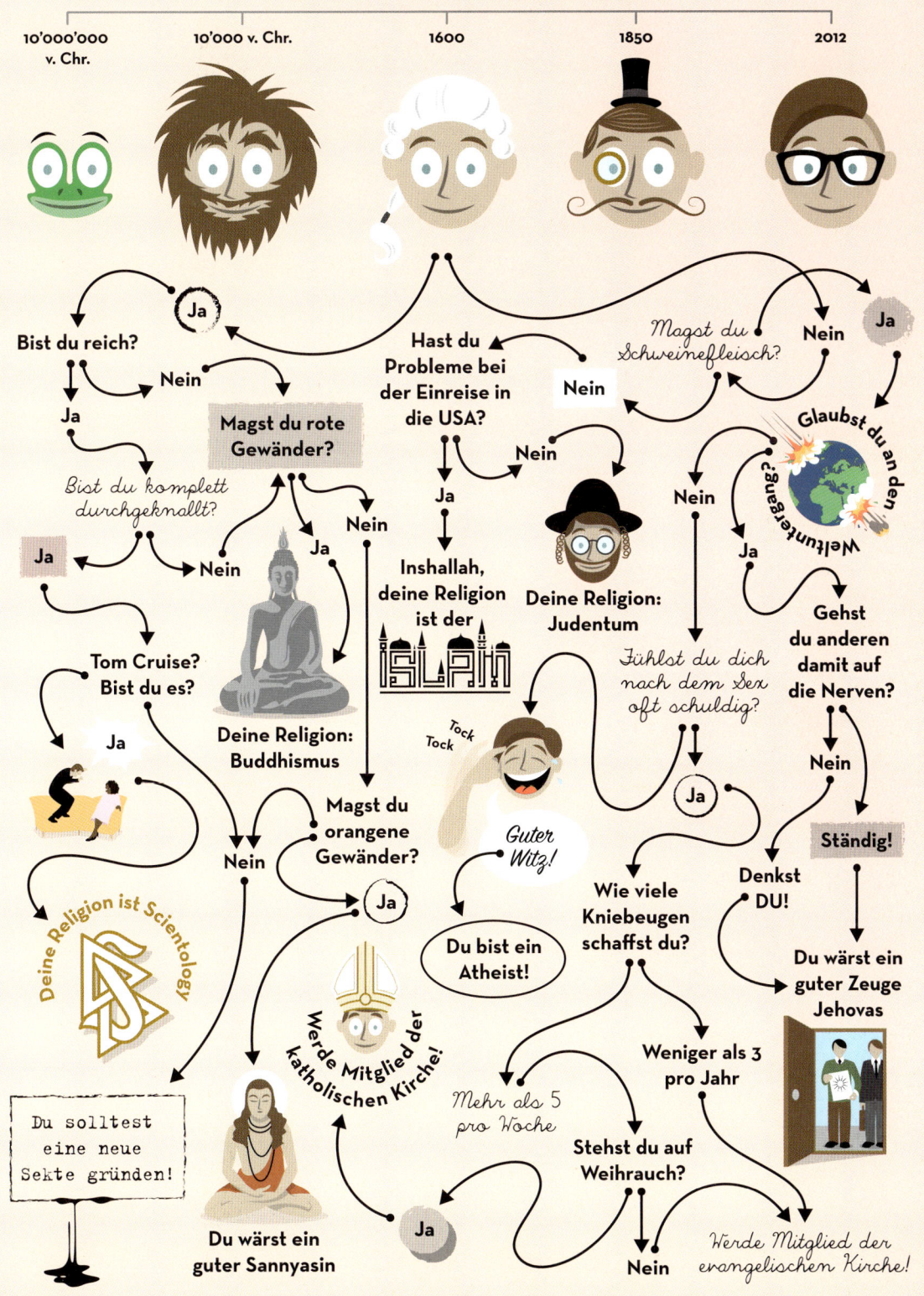

28. Soll ich mein Geld in Aktien anlegen?

Wem sein Bargeld unter der Matratze langsam Rückenschmerzen verursacht, kann sich darüber ruhig mal Gedanken machen.

BIST DU AM MONATSENDE GRUNDSÄTZLICH BLANK?

Ja

Nein

1 3 6 9 12 15 18 21 24 27 30

MACH ES!

Ja

Kannst du damit leben, Geld zu verlieren?

Nein

Lass es!

29. Bin ich ein Gourmet, oder habe ich keine Ahnung von Essen?

Wer Sterne nicht nur im Universum sucht, kennt die Antwort vermutlich schon. Alle anderen sollten besser die Frage auf Seite 150 beantworten.

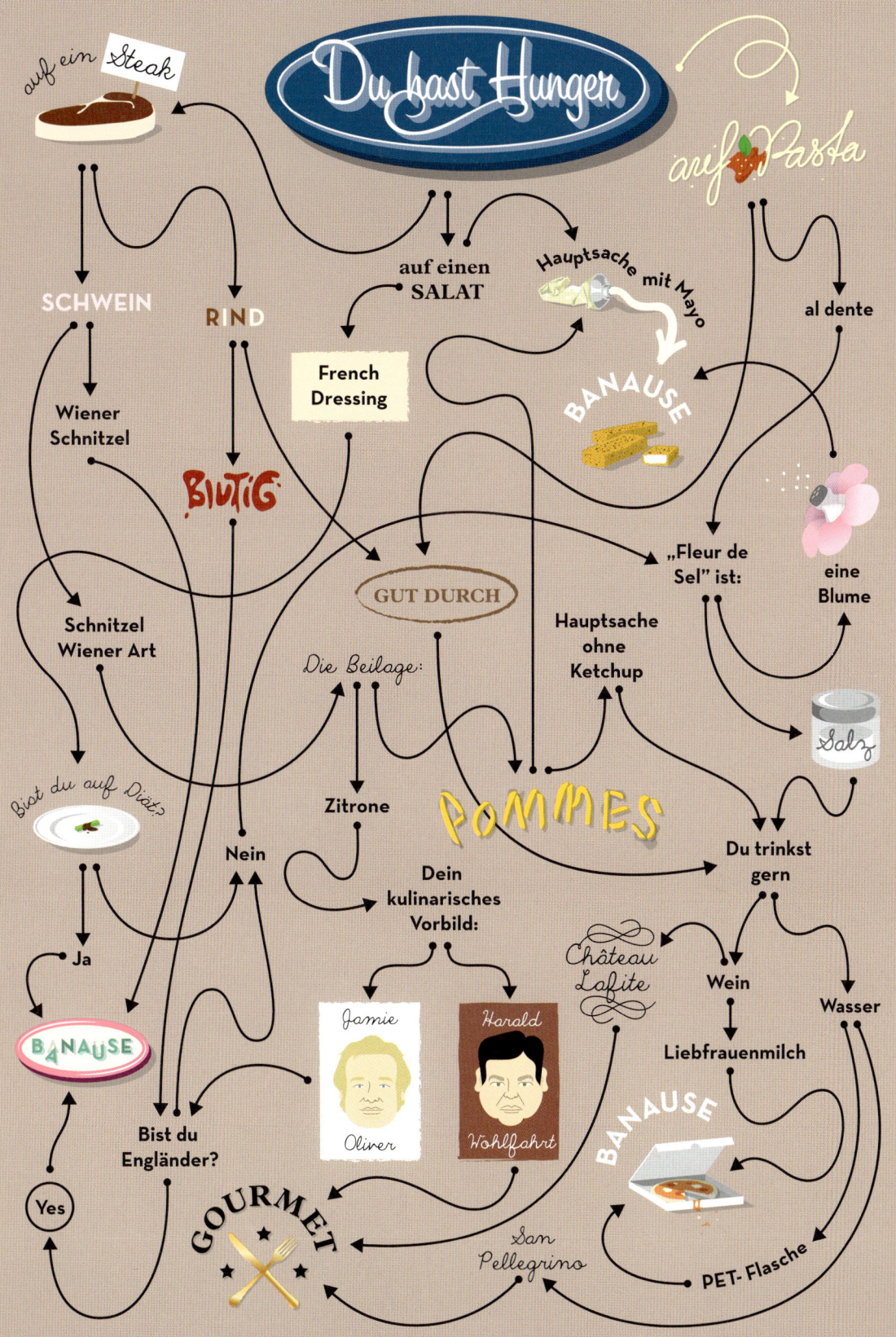

30. Studiere ich das Richtige?

Man wird ja wohl mal fragen dürfen: Auch im 16. Semester ist noch Zeit für eine berufliche Neuorientierung.

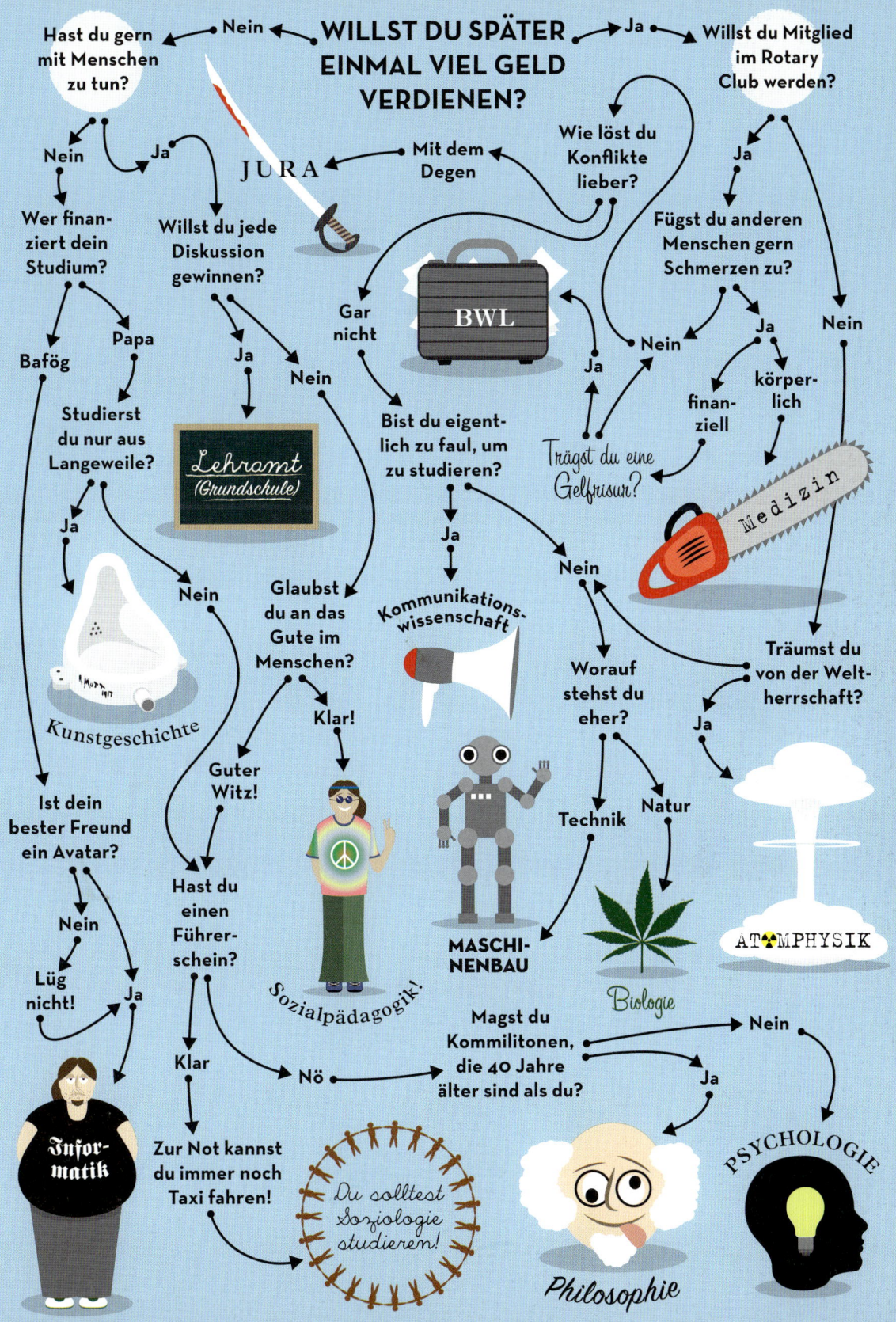

31. Welches Instrument sollte ich lernen?

Sogar Udo Lindenberg weiß, was Musik mit Sex zu tun hat: „Du spieltest Cello in jedem Saal in unserer Gegend, ich saß immer in der ersten Reihe und ich fand dich so erregend." Ob eine Triangel einen ähnlichen Effekt hat, ist nicht überliefert. Deshalb: Augen auf bei der Instrumentenwahl.

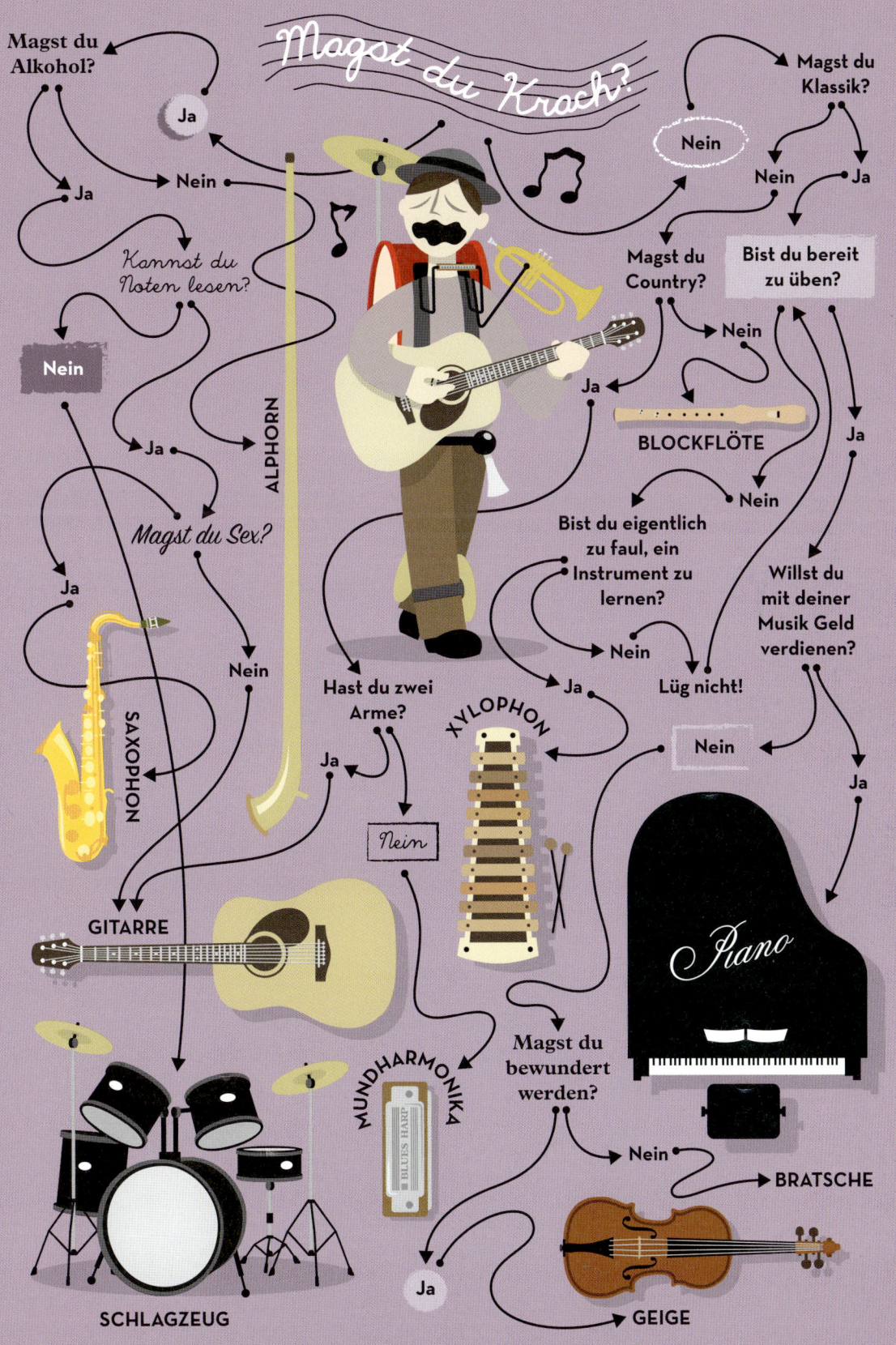

32. Kommt der Gestank von draußen?

Wer die Nase rümpft, sollte vorher klären, ob es an ihm liegt.

33. Muss ich zum Arzt, oder geht's noch ein bisschen?

Krebs oder Kreislauf: Woran du merkst, dass du schleunigst zum Doktor solltest oder noch eine Weile ohne Therapie überlebst.

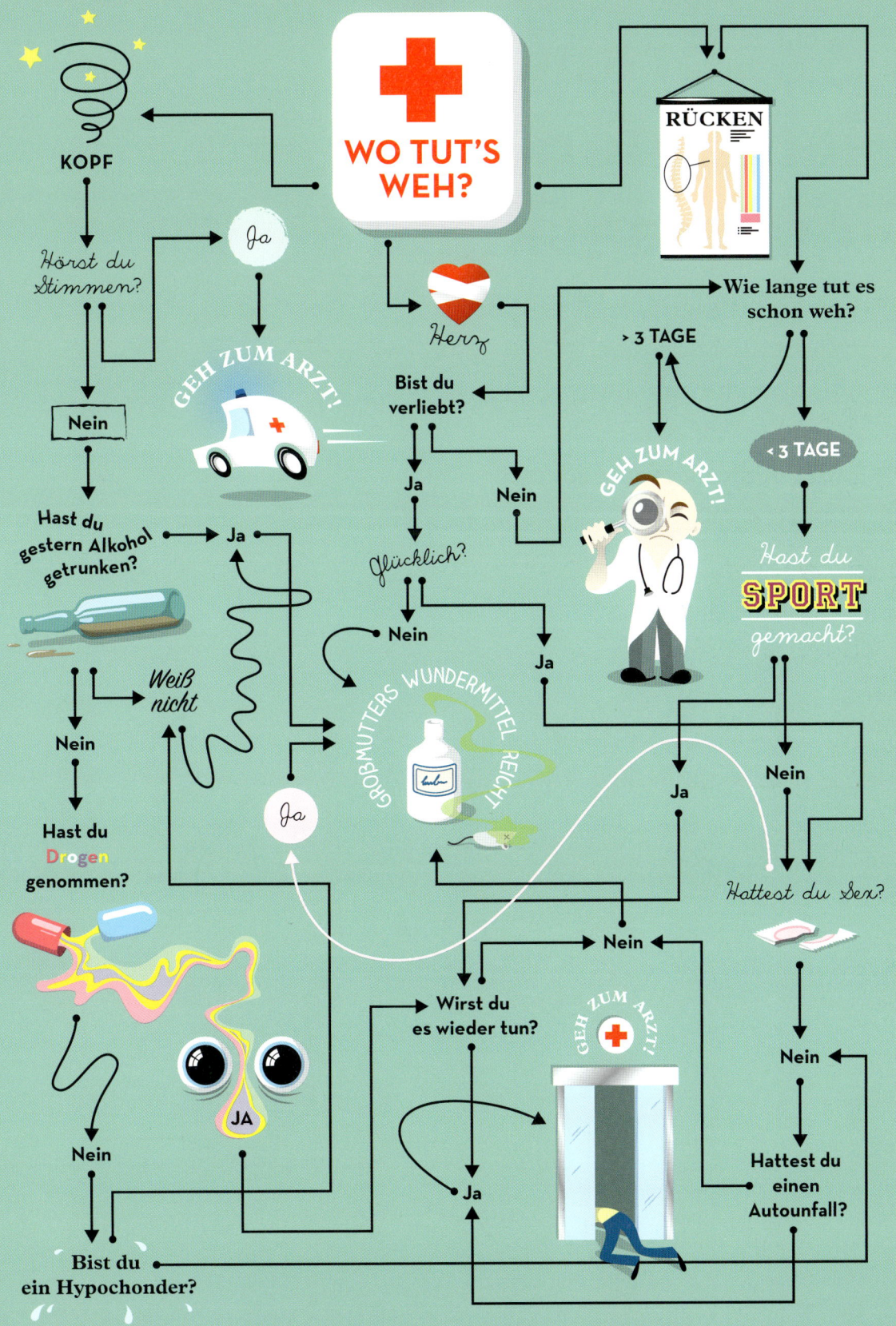

34. Brauche ich einen Auftragskiller?

Wer jemandem ein Angebot macht, das er nicht ablehnen kann, sollte vorher klären, ob er am Ende nicht selber zur Strecke gebracht wird.

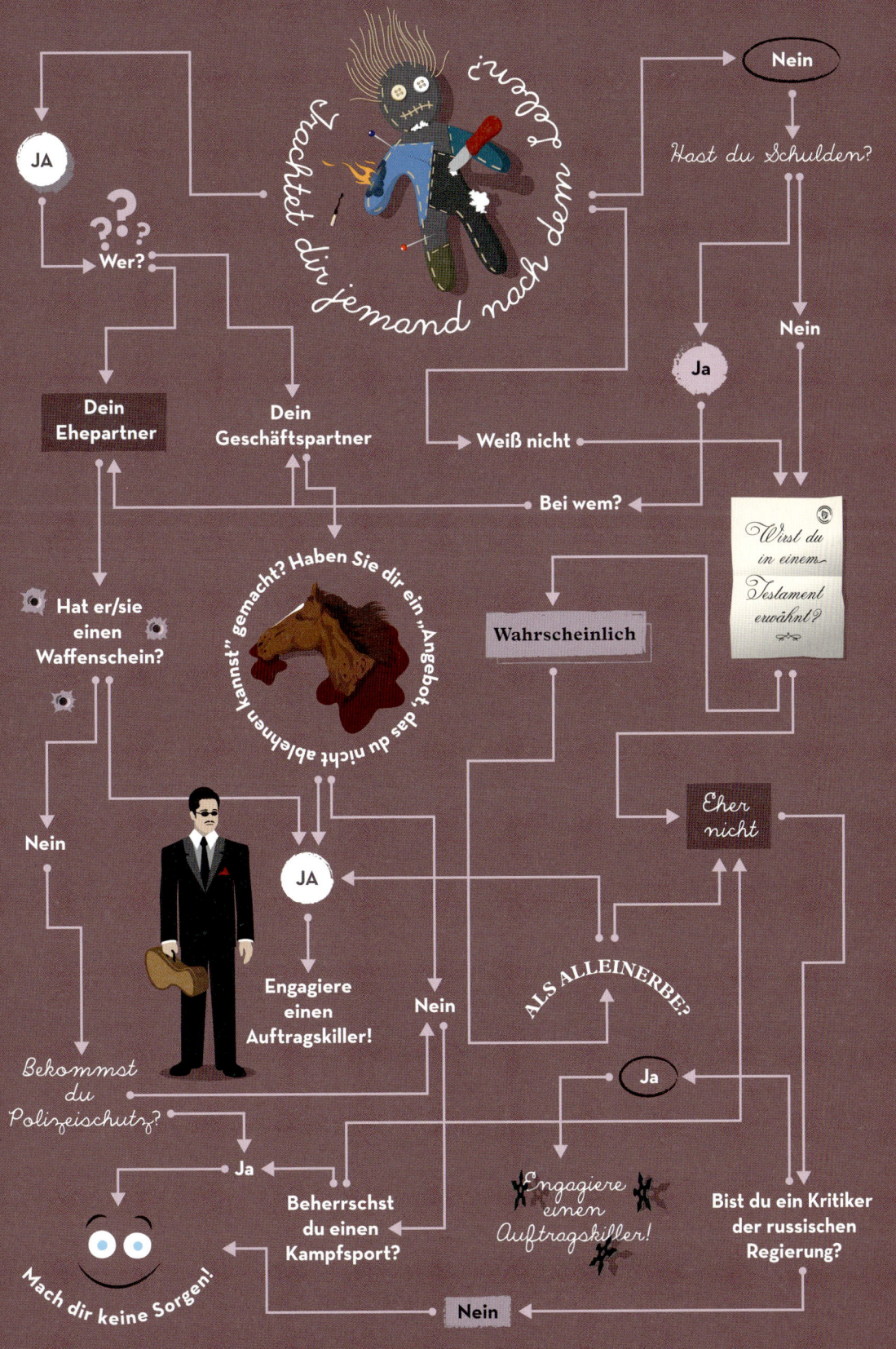

35. Ist das Kunst, oder kann das weg?

Guggenheim, Louvre oder Pinakothek: Wie man sich verhalten soll, wenn nicht sicher ist, um welche Art kreativen Auswurfs es sich handelt.

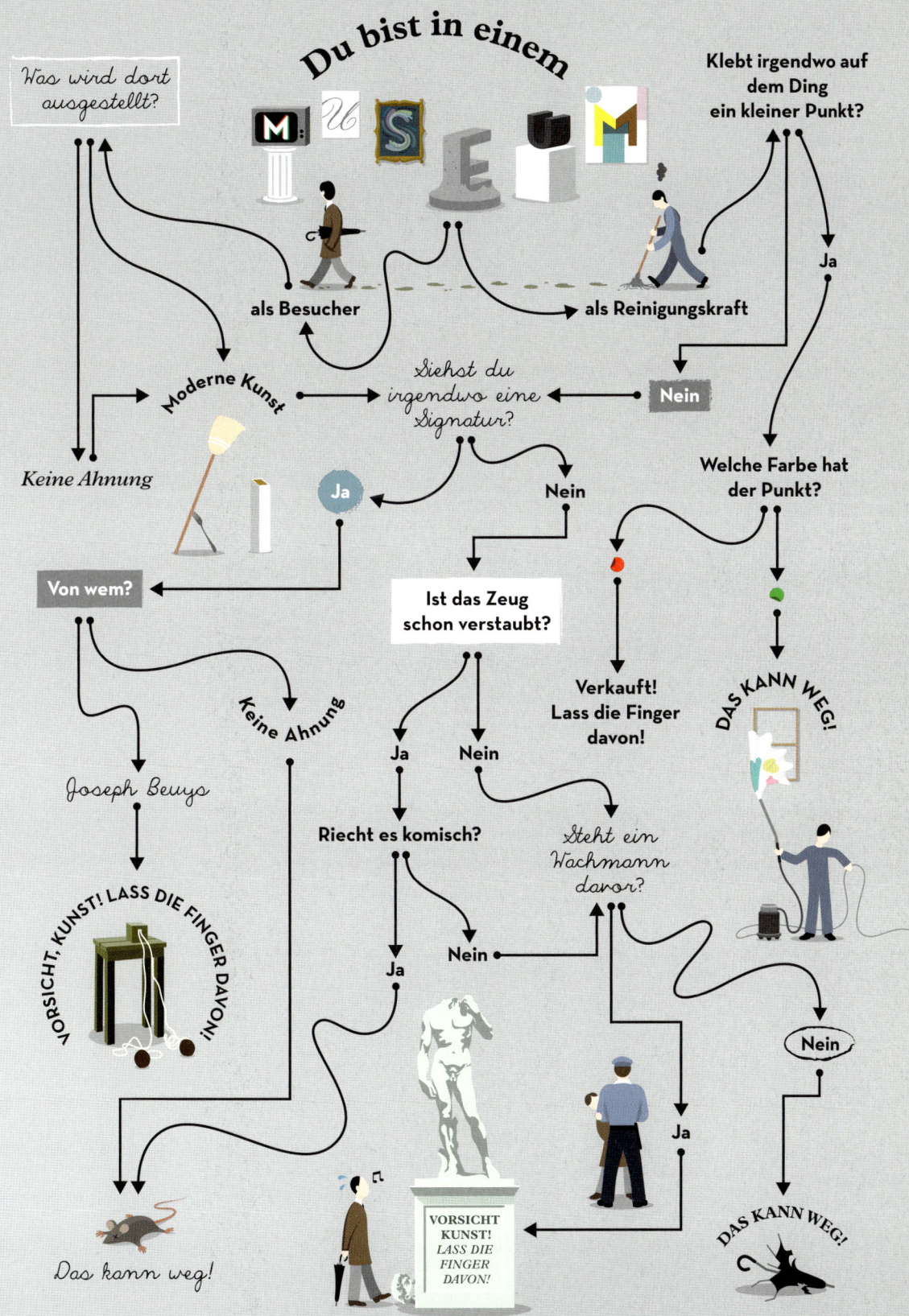

36. Bin ich ein Computerfreak oder habe ich keine Ahnung von Technik?

Digital Native oder digital naiv: Woran du merkst, ob du deinen Laptop genauso gut als Frühstücksbrettchen verwenden könntest.

DU HAST EIN PROBLEM MIT DER FIREWALL. WAS MACHST DU?

(at3604)

- 112 anrufen
- Neustart
- Wie oft machst du ein Backup?
- Häh??? Nie gehört!
- Kennst du Twitter?
- JA
- Was ist das?
- TÄGLICH
- Wer ist der Netzwerkadministrator deiner Firma?
- **DU HAST KEINE AHNUNG!**
- Fragst du dich manchmal, wer dieser Jay Peck auf deinen Fotos ist?
- Du?
- Mikroblogging
- JA
- Nö
- Nie
- SMS im Internet
- Hättest du ein Haustier – wie wäre sein Name?
- Was machst du mit E-Mails?
- Lassie
- Xerox
- Du bist ein Computerfreak!
- Ausdrucken und in einen Ordner legen
- Lesen, dann löschen
- Weißt du, was ein BOfH ist?
- That's my name!

37. Habe ich ein Geldproblem?

Wer denkt, es sei völlig normal, jeden Monat im Dispo zu landen, hat sich an seine Armut gewöhnt. Wer seine Socken bei Prada kauft, hat vermutlich andere Sorgen.

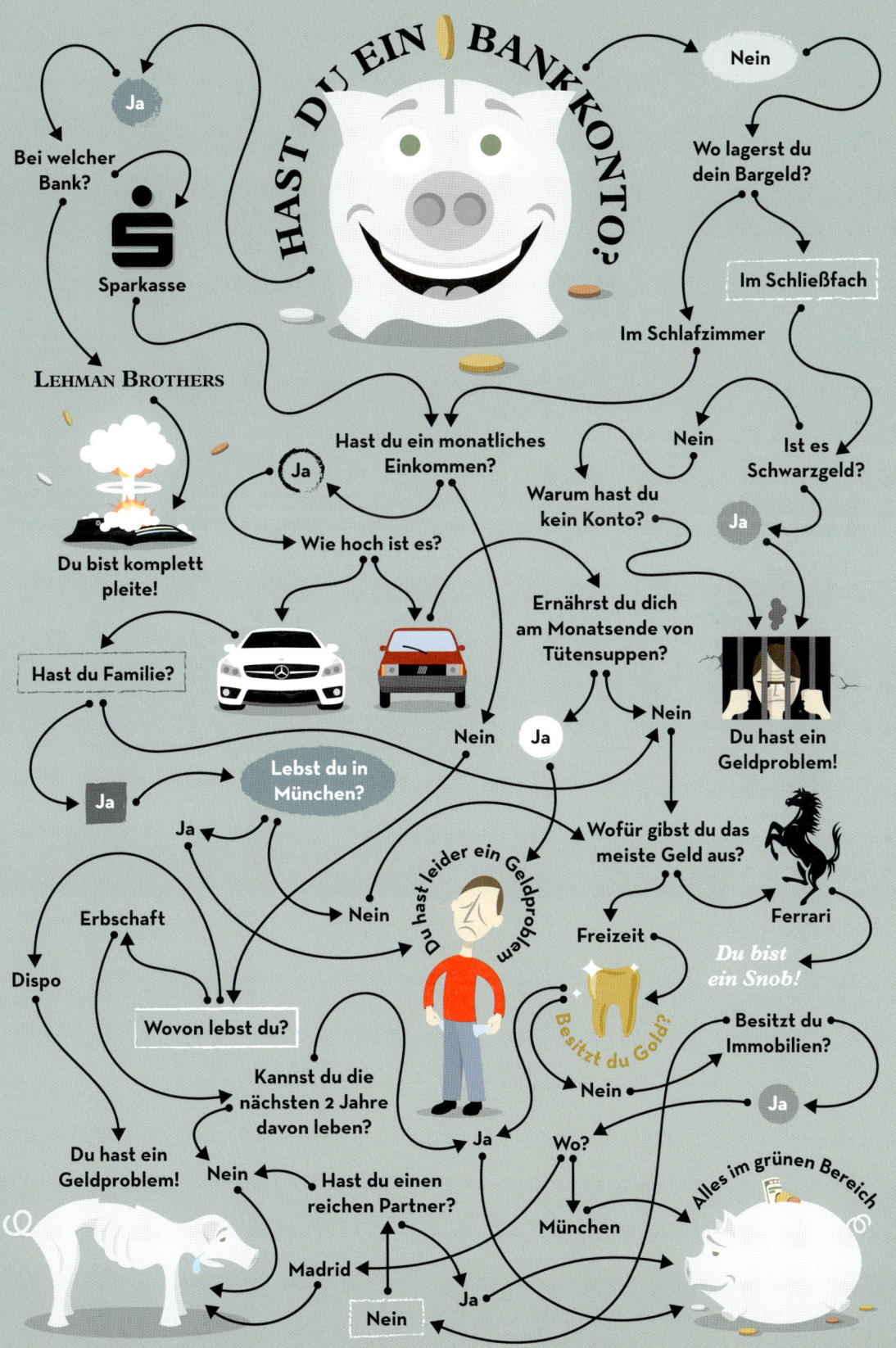

38. Wo soll ich Urlaub machen?

Halbpension auf Mallorca oder Safari all inclusive: Wie schön die Ferien werden, hängt von ein paar wichtigen Entscheidungen ab.

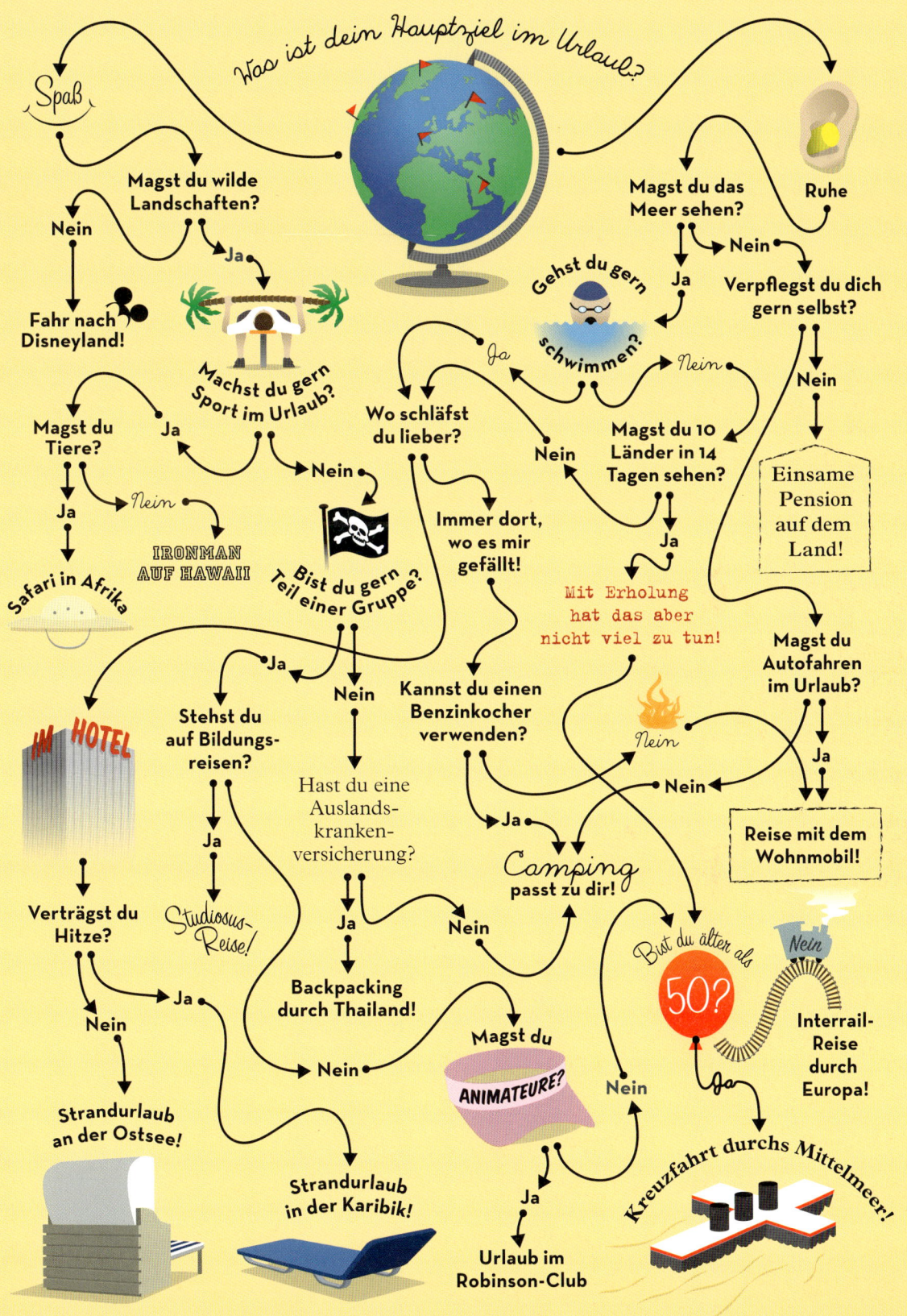

39. Welches Haustier passt zu mir?

Süße Mieze oder stummer Fisch: Mit welchem Tier man sein Leben teilt, verrät vor allem viel über das Herrchen.

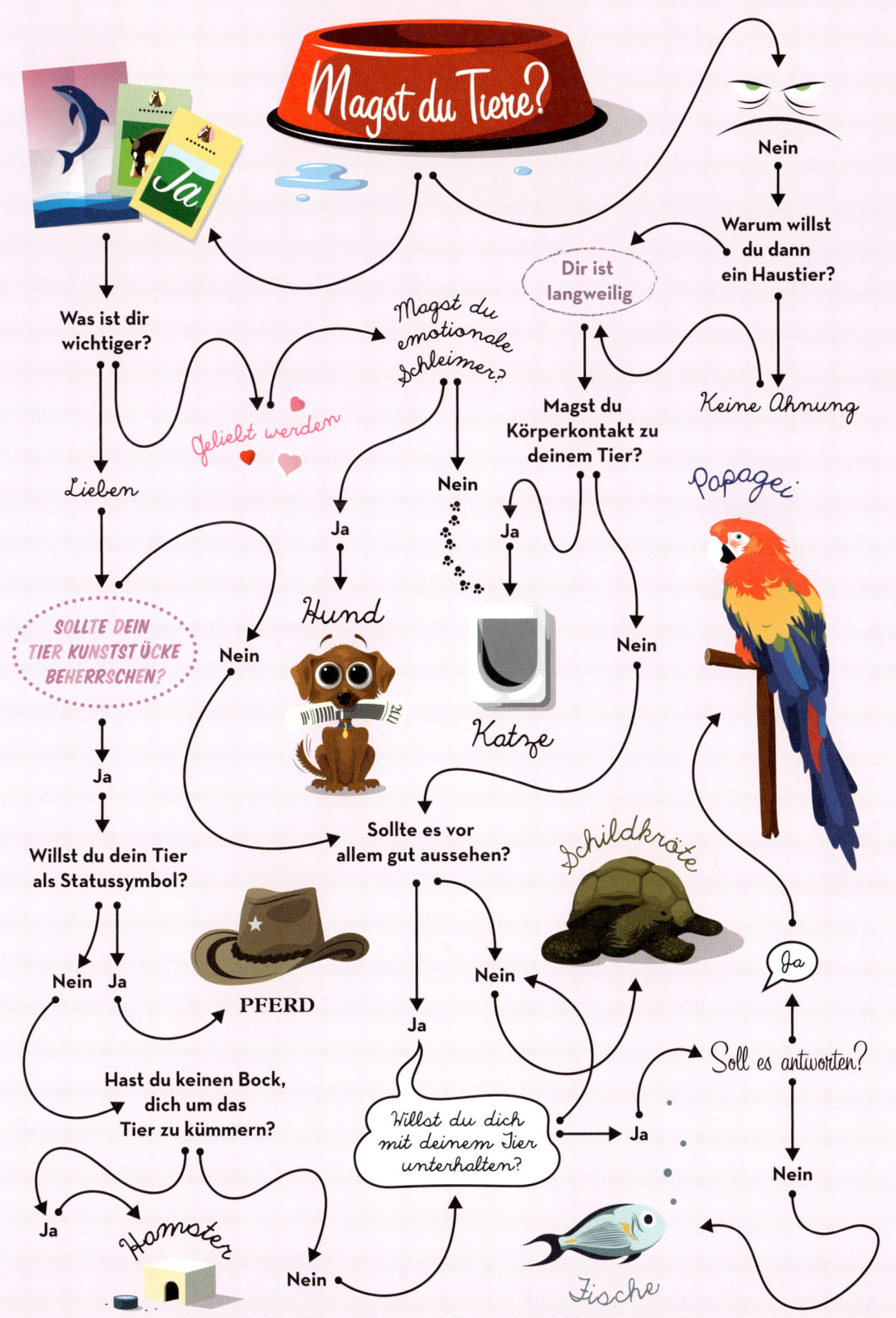

40. Wäre ich ein guter Adliger?

Zumindest Rio Reiser wusste, was er tun würde, wenn er eine Krone auf dem Kopf hätte: „Die Socken und die Autos dürften nicht mehr stinken. Ich würd' jeden Morgen erst mal ein Glas Schampus trinken (...) Das alles und noch viel mehr, würd' ich machen, wenn ich König von Deutschland wär!".

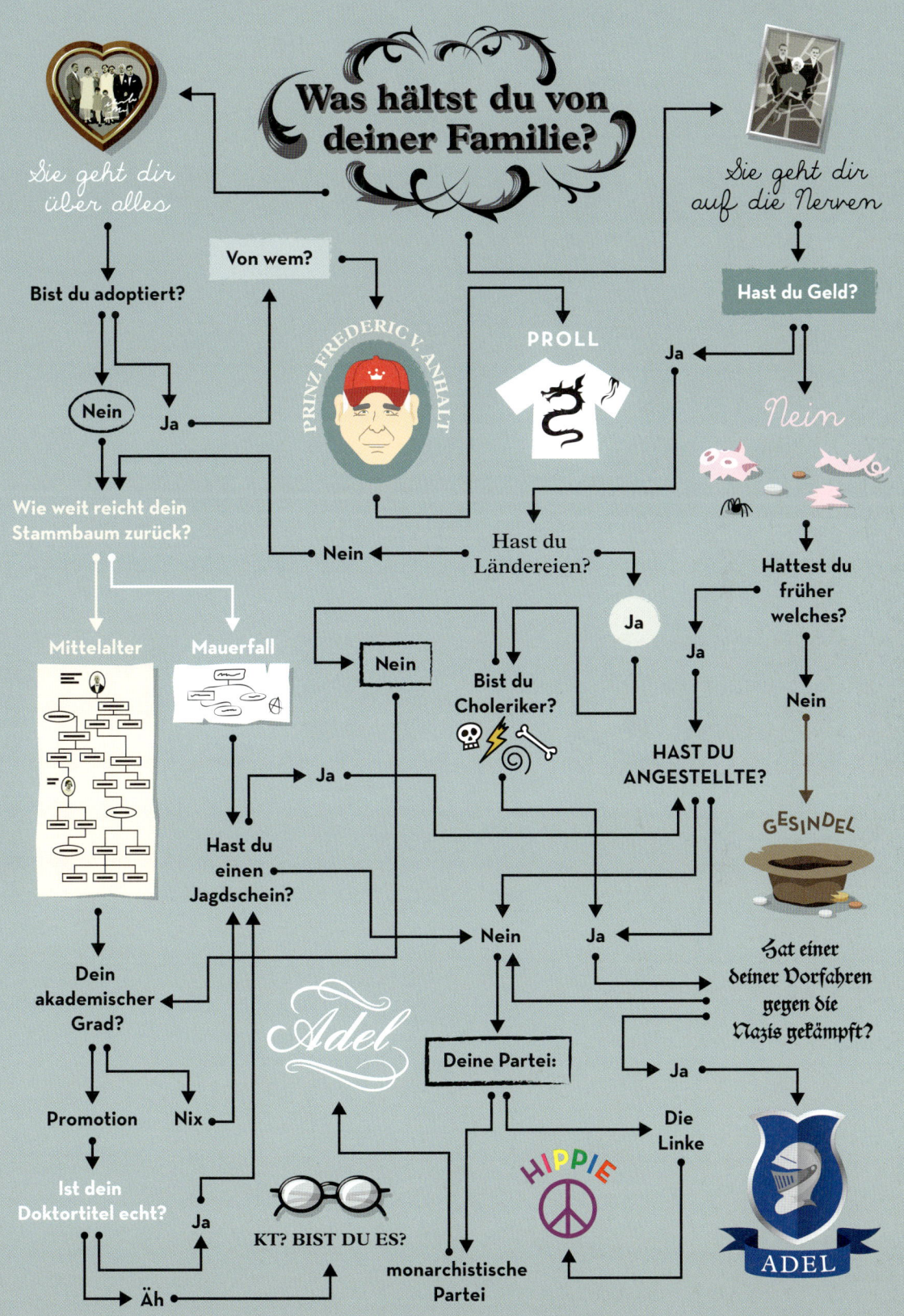

41.–46. WO SOLL ICH LEBEN?

King Kong wäre wohl lieber im Dschungel geblieben, aber auch du solltest dir einen Umzug nach New York gut überlegen und erst mal die Fragen auf den nächsten sechs Seiten beantworten.

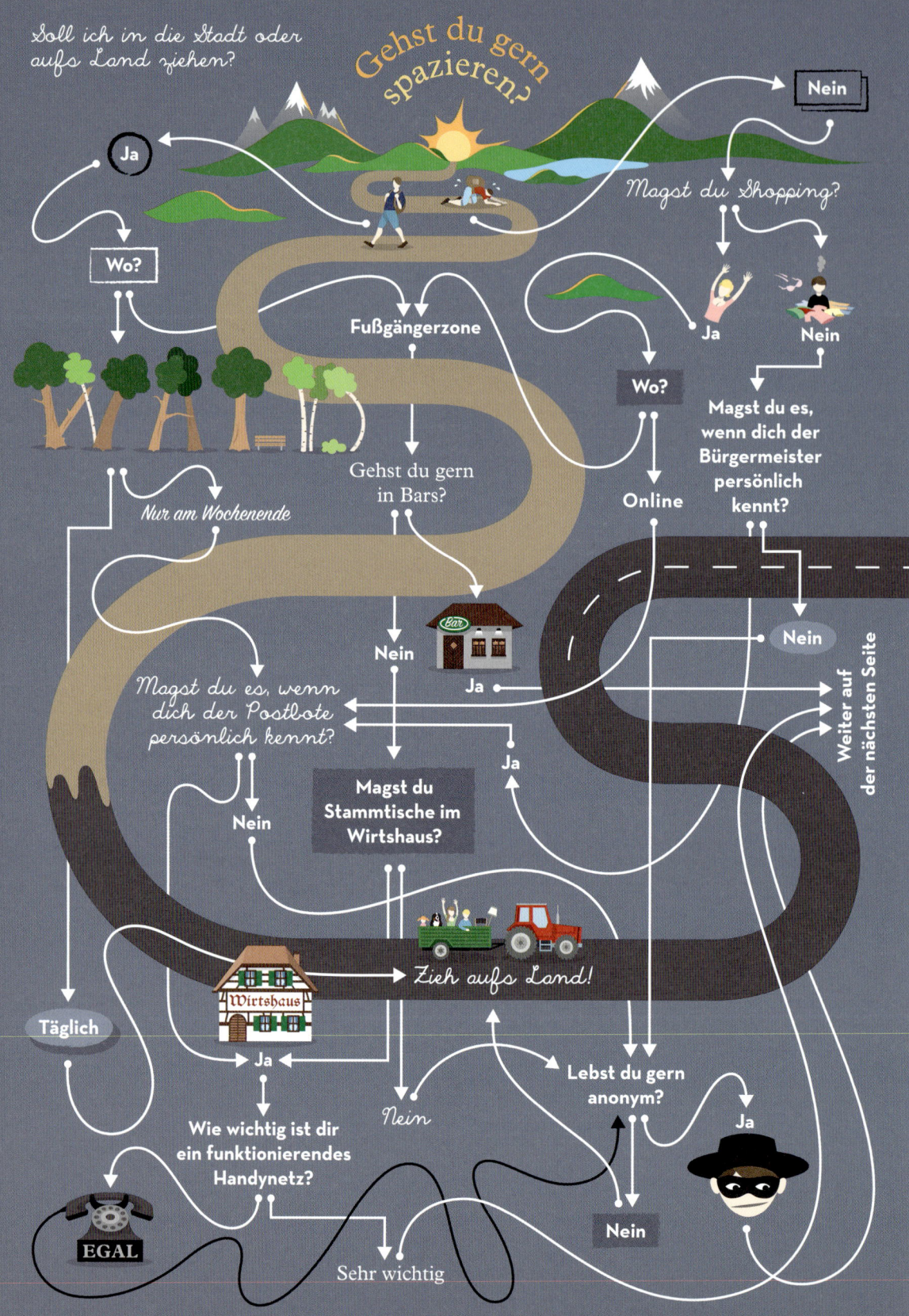

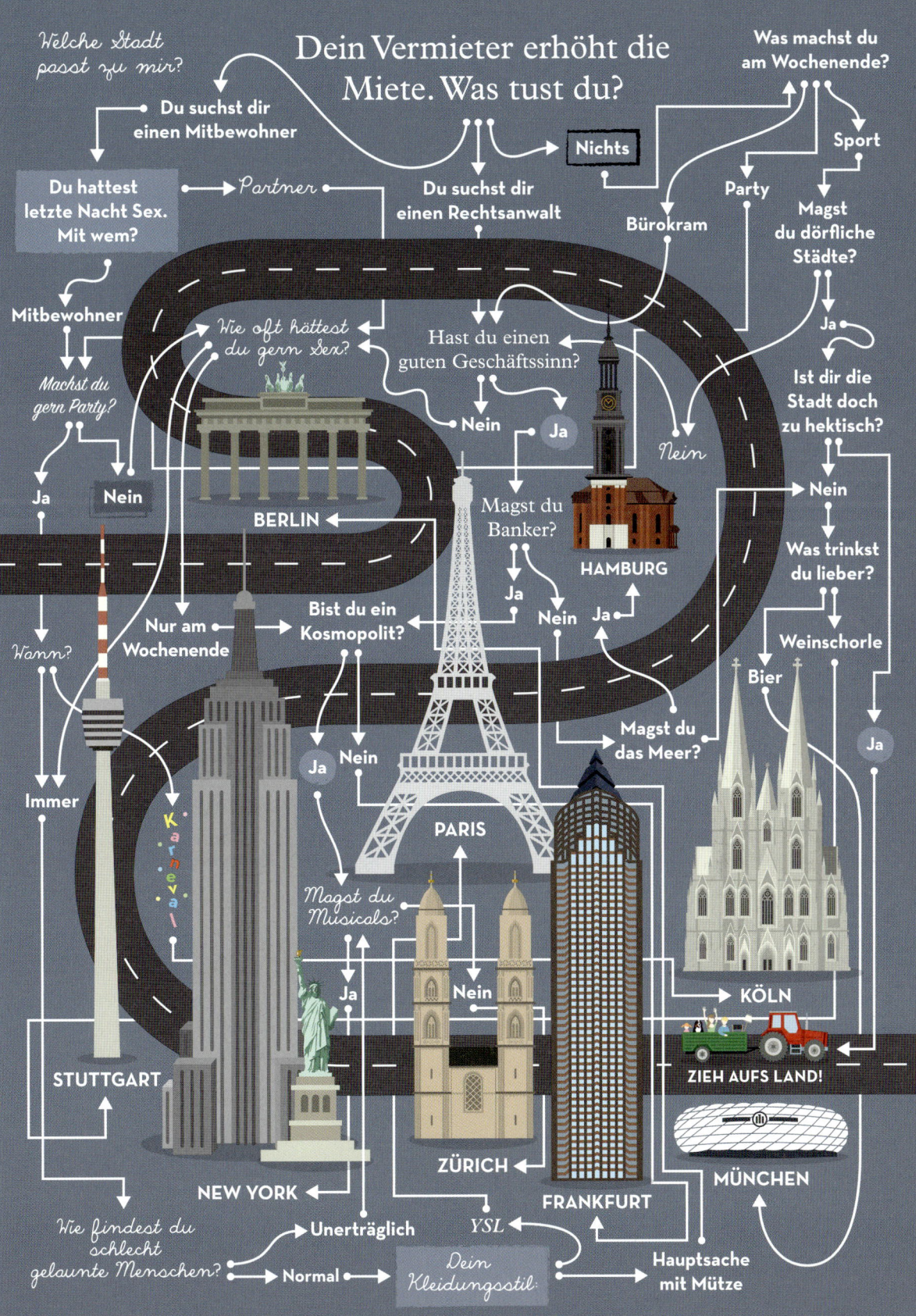

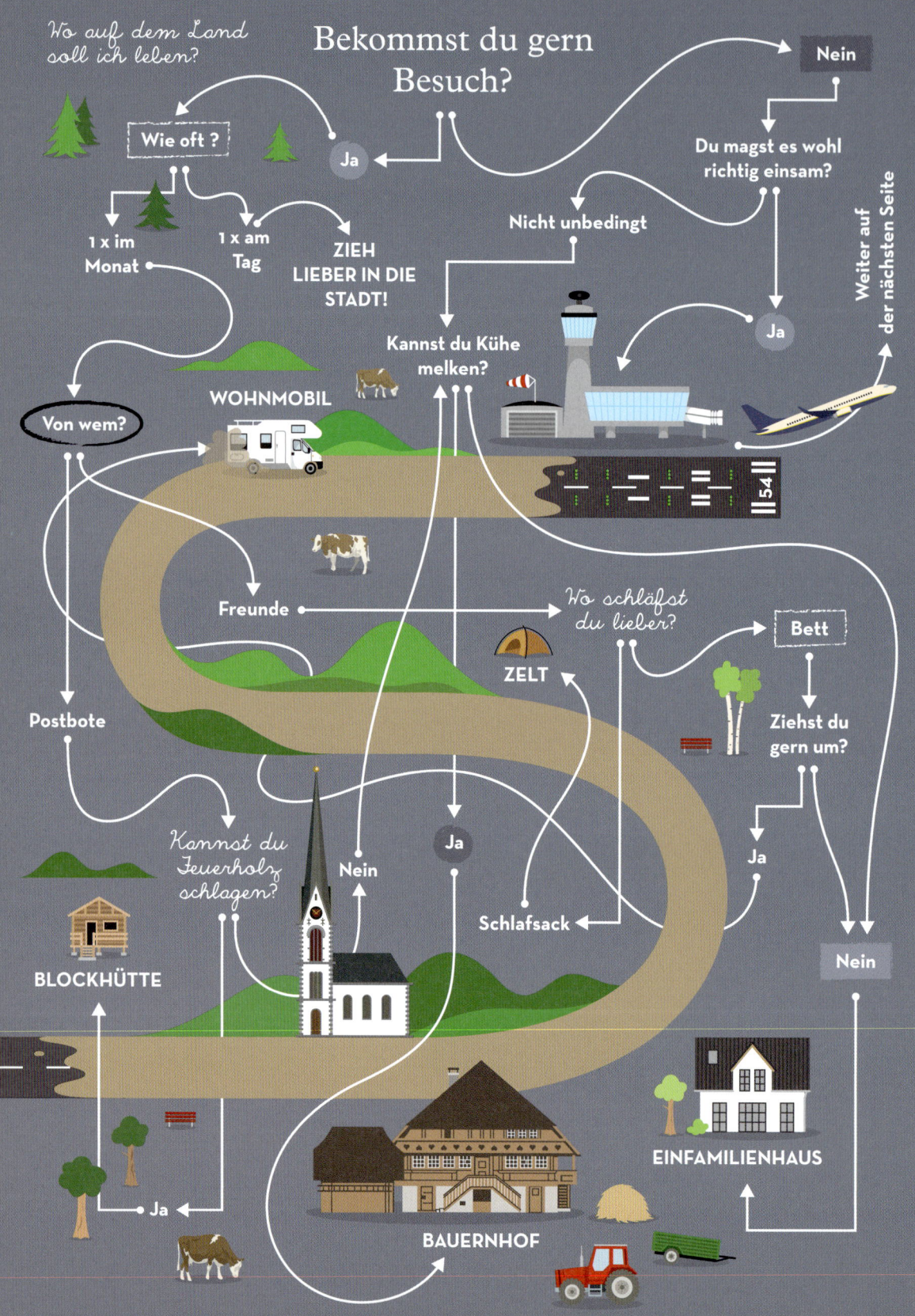

Dein Haus:

Bist du zufrieden?

Nein → Zurück auf Seite 92

Ja → *Perfekt!*

47. Welchen Fernsehsender soll ich einschalten?

Eine Entscheidungshilfe für alle, die zwischen Kuppelshow, Doku-Soap und Arte-Themenabend schwanken.

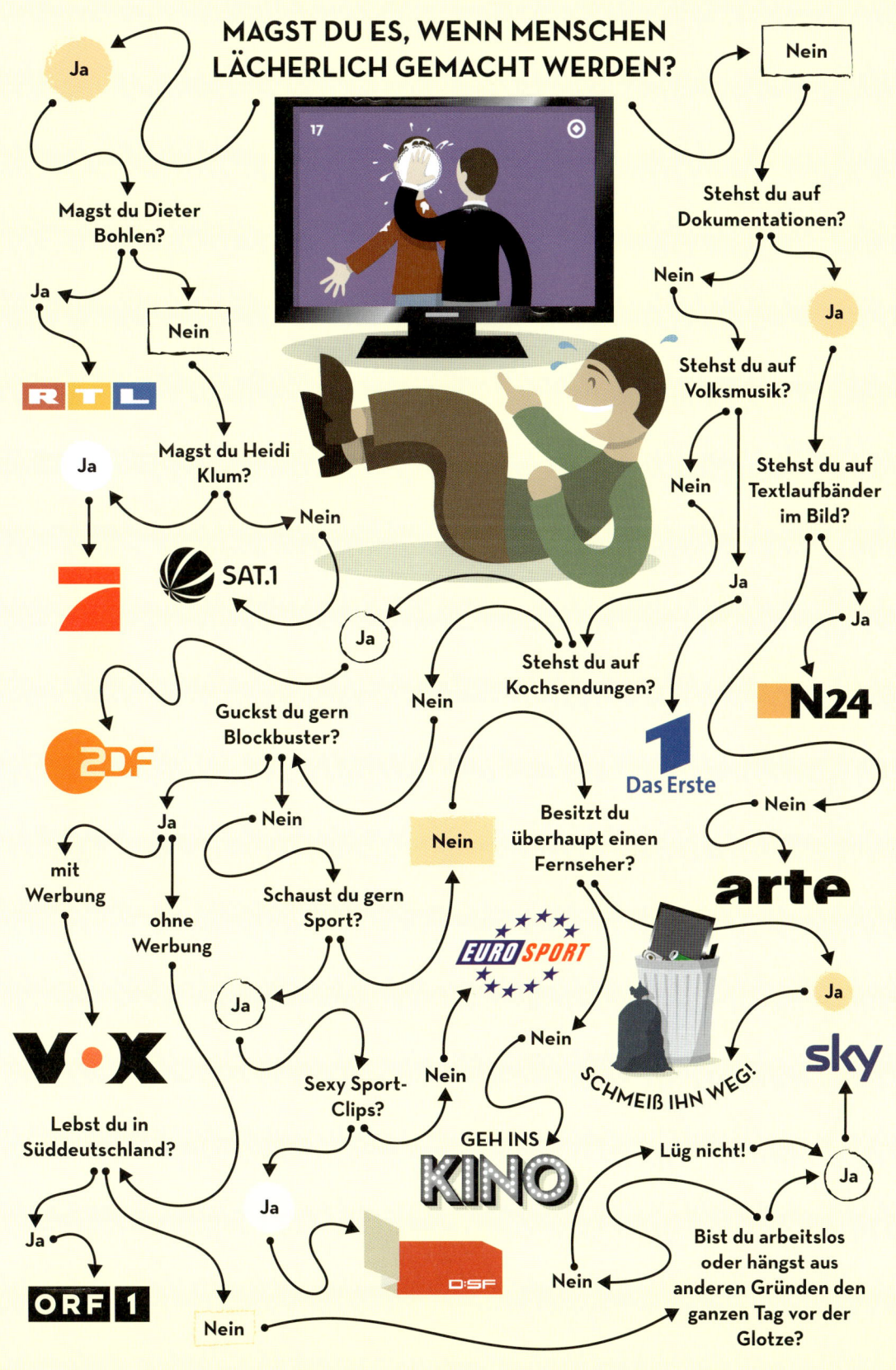

48. Soll ich kochen oder was zu essen bestellen?

Sushi, Pizza oder doch lieber was vom Chinesen: Wer sich abends den Kopf darüber zerbricht, wie er an seine Nahrung kommt, sollte erst mal diese Frage für sich beantworten.

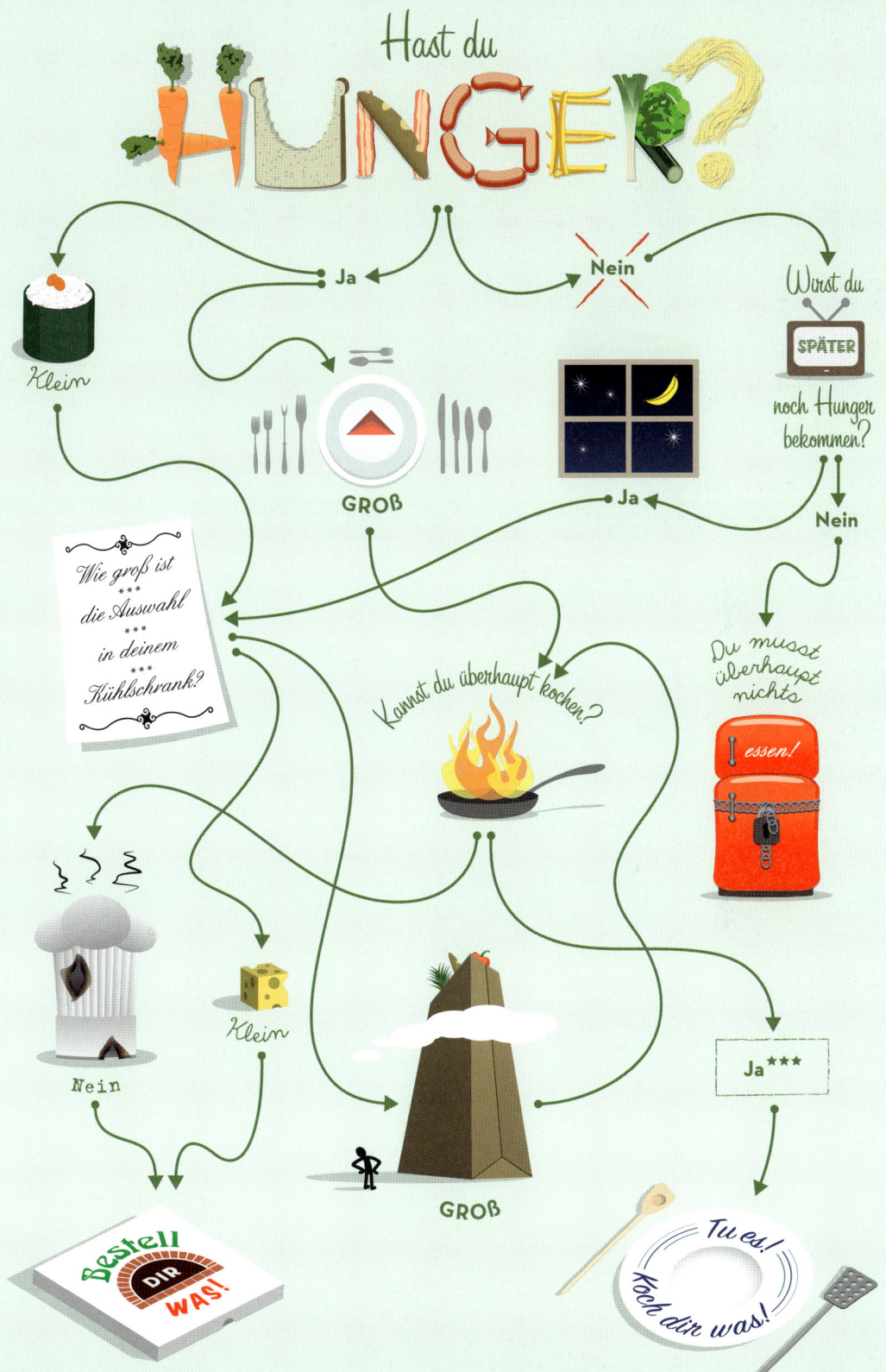

49. Brauche ich eine neue Badehose?

Woran du merkst, ob dein Outfit fürs Schwimmbad noch passt oder total daneben ist.

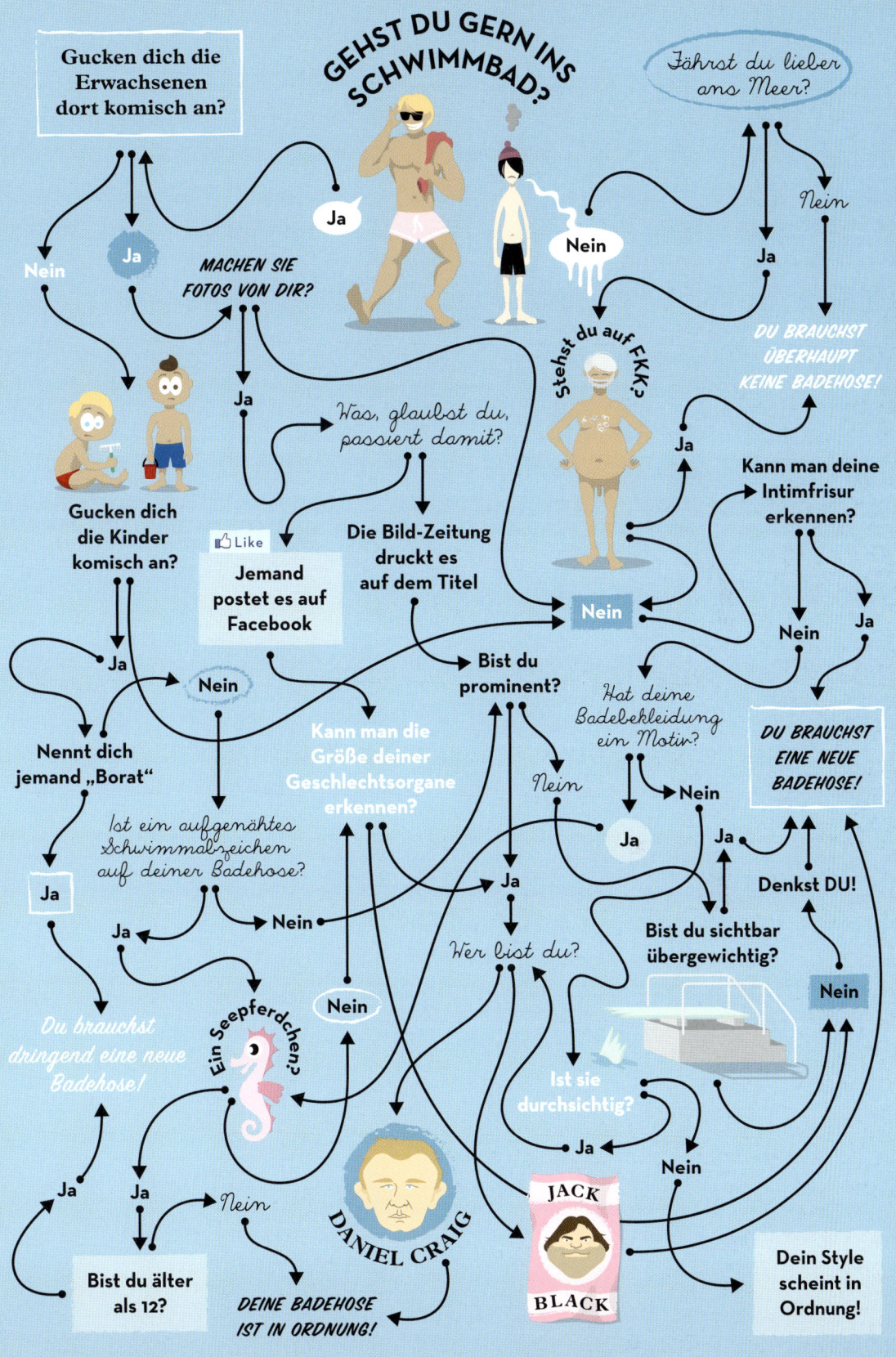

50. Welche Partei soll ich wählen?

Wer denkt, Piraten gibt es nur in Somalia, wird sich die Sonntagsfrage eher selten stellen. Alle anderen können hier überprüfen, ob sie ihr Kreuzchen an der richtigen Stelle machen.

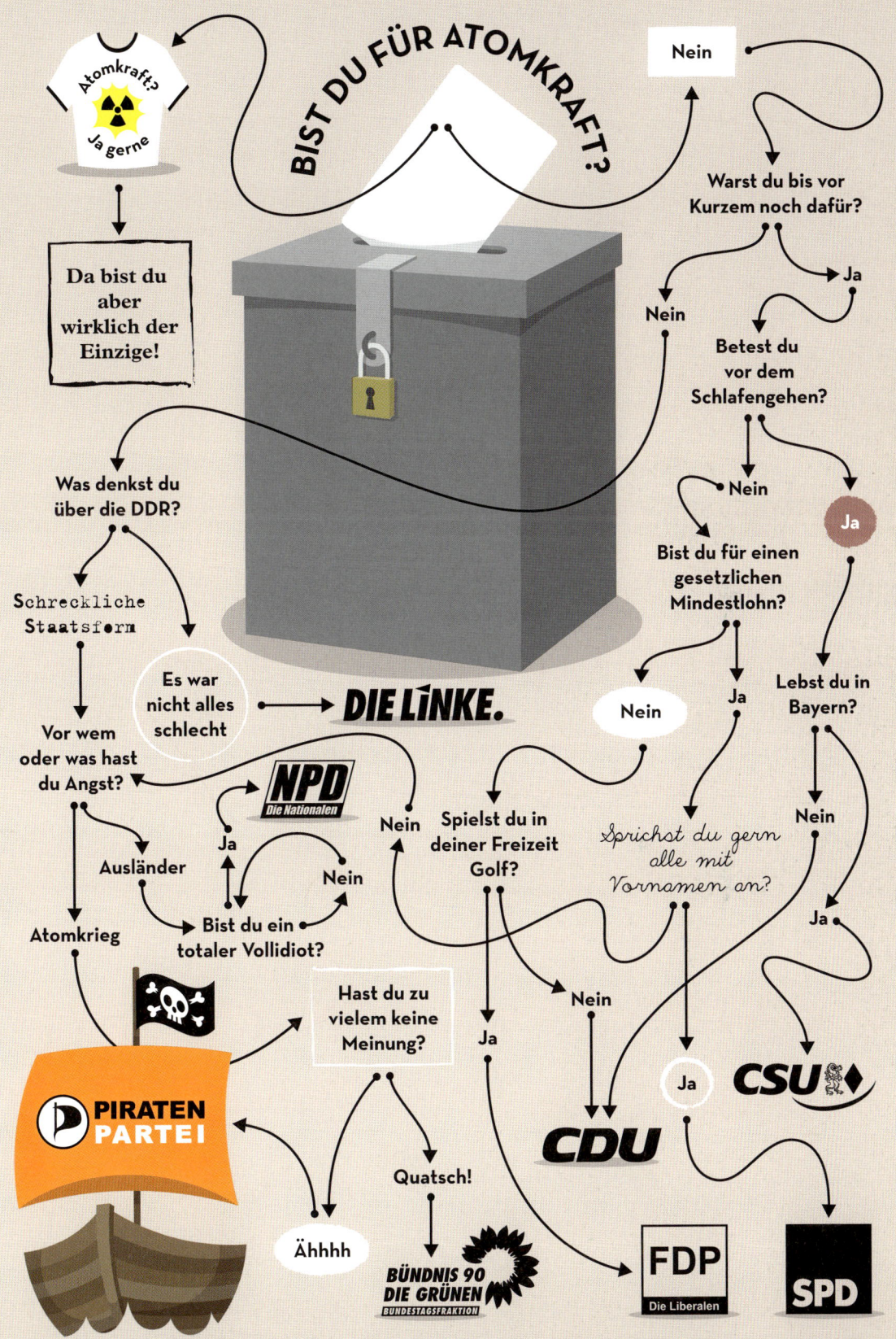

51. Brauche ich eine Alkoholpause?

Wer seine Leber zerstört hat, kann noch ein bisschen auf der Milz weitertrinken oder einfach mal eine Weile auf dem Trockenen bleiben.

52. Sind wir mehr als nur Freunde?

Woran du merkst, ob dein bester Kumpel in Wahrheit deine erste Partnerwahl ist.

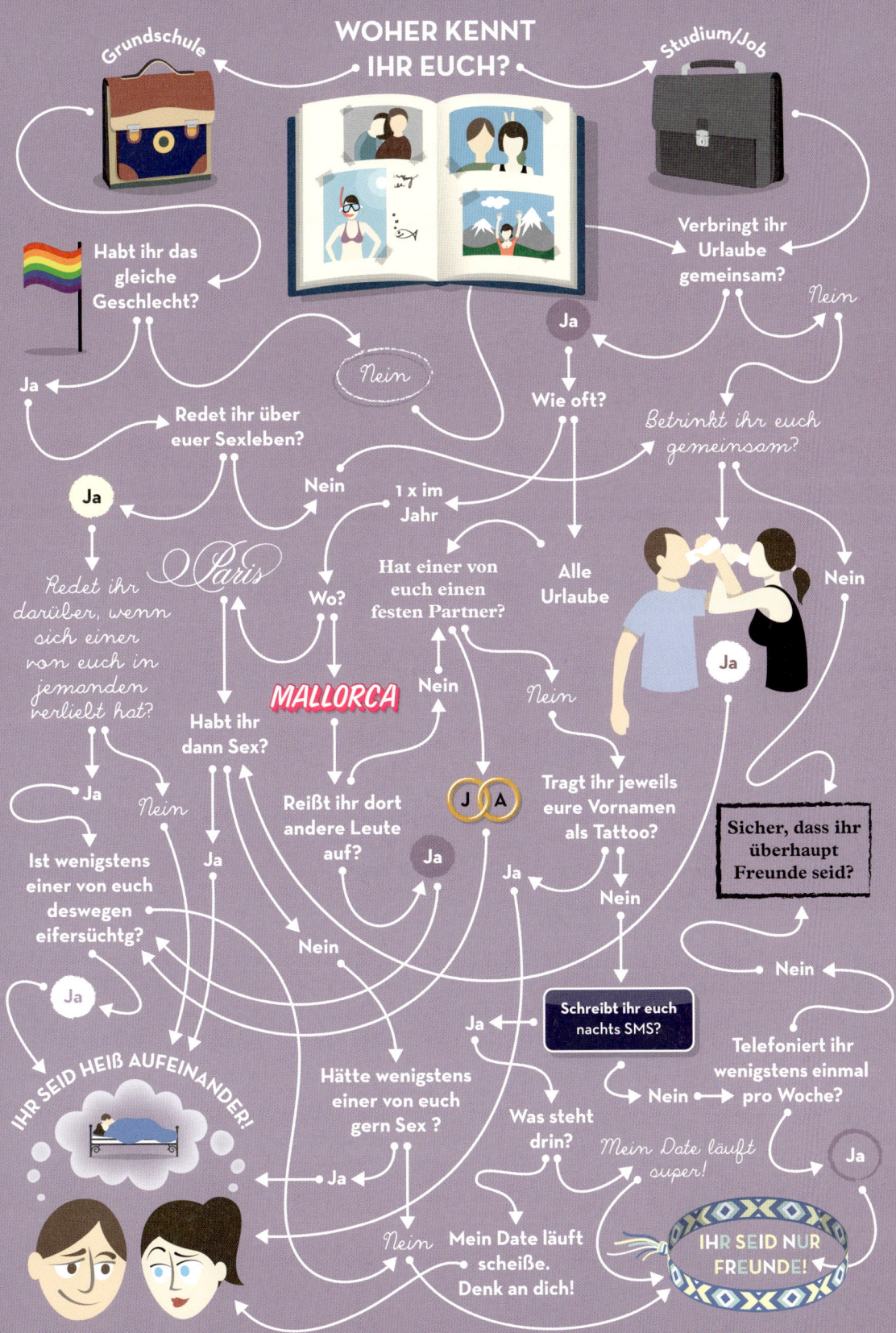

53. Wäre ich ein guter Chef?

Die Liebe zur Macht: So merkst du, ob du als Vorgesetzter auch nur einen einzigen Tag in der Firma überleben würdest.

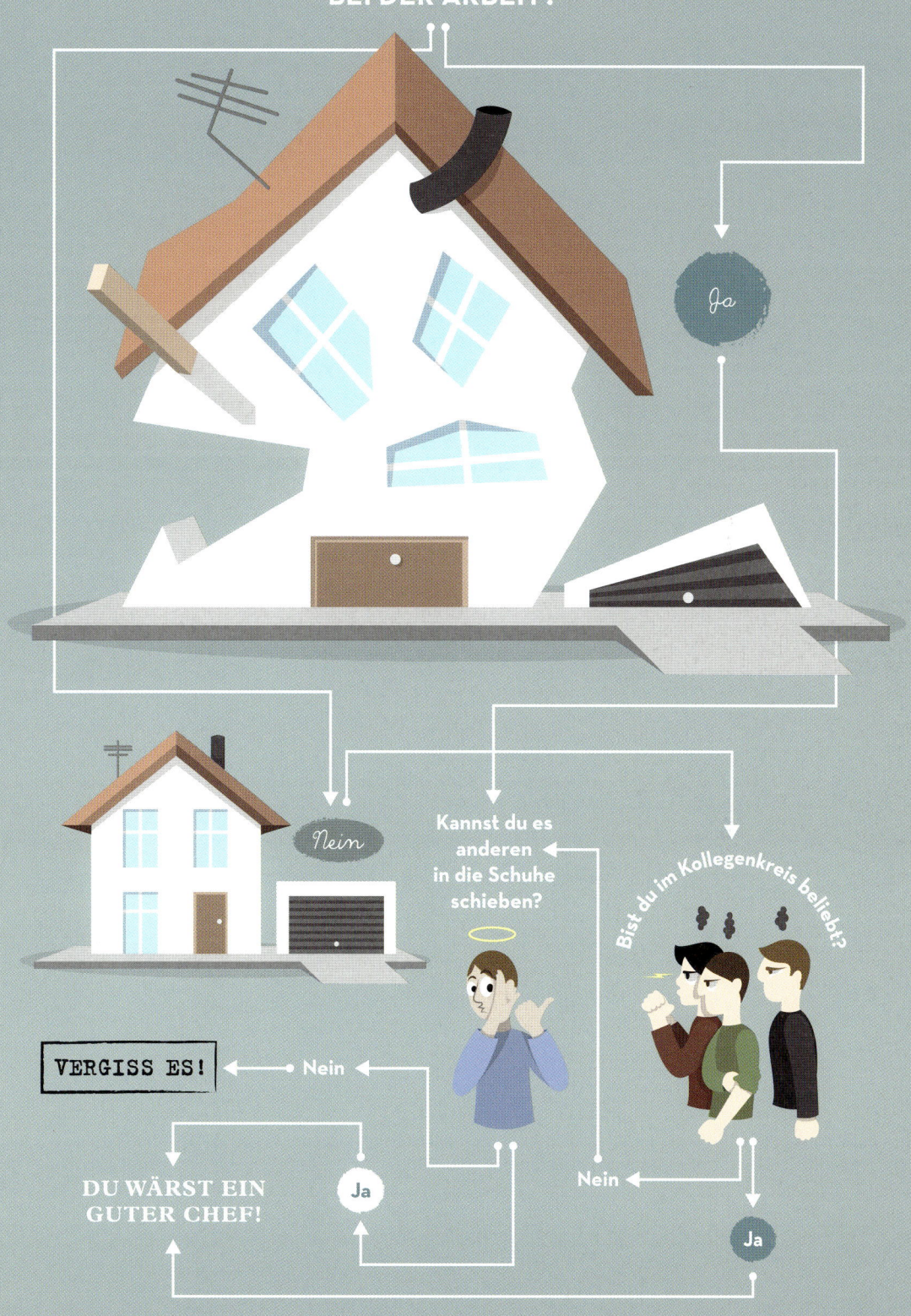

54. Wer ist der Mörder im *Tatort*?

Sonntag, 20.15 Uhr, ARD: Ob das Wochenende einen guten Abschluss findet, hängt auch von dieser Frage ab und davon, wie leicht sie zu beantworten ist.

55. Bin ich gut in Mathe?

Wer für das kleine Einmaleins noch immer beide Hände braucht, kennt die Antwort sowieso. Außerdem: eine gute Gelegenheit, die Bildungsreform mal wieder in Frage zu stellen.

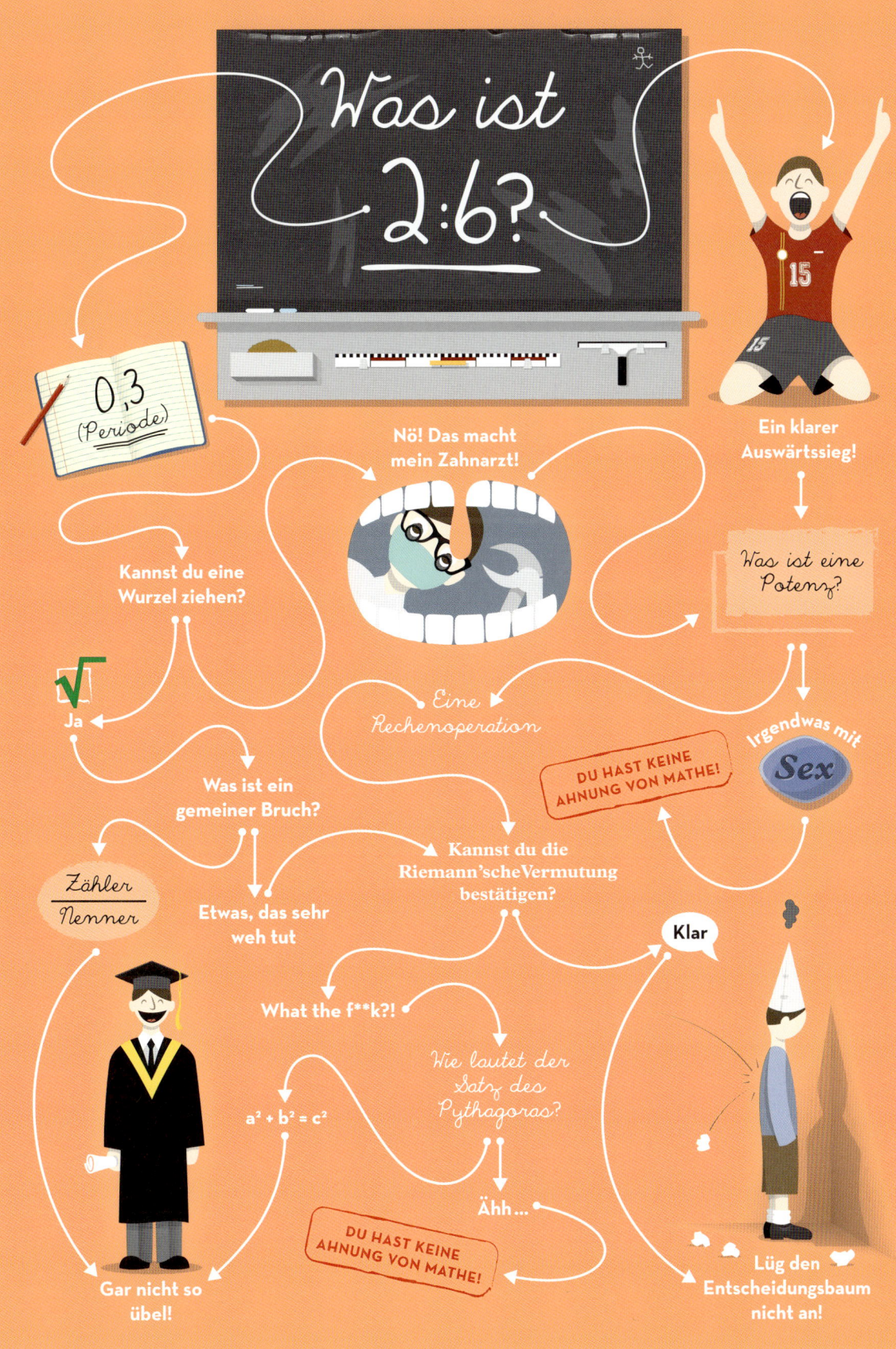

56. Wurde ich letzte Nacht von Aliens entführt?

Wer sich fragt, ob es intelligentes Leben im Weltall gibt, sollte erst mal auf der Erde danach suchen.

57. Bin ich ein guter Mieter?

Manchmal muss man sich zum Affen machen, etwa bei einer Wohnungsbesichtigung. Wer nicht zur Spezies der kinderlosen Yuppie-Paare mit 10.000 Euro Bruttoverdienst gehört, kann auf der rechten Seite schon mal seine Chancen abwägen.

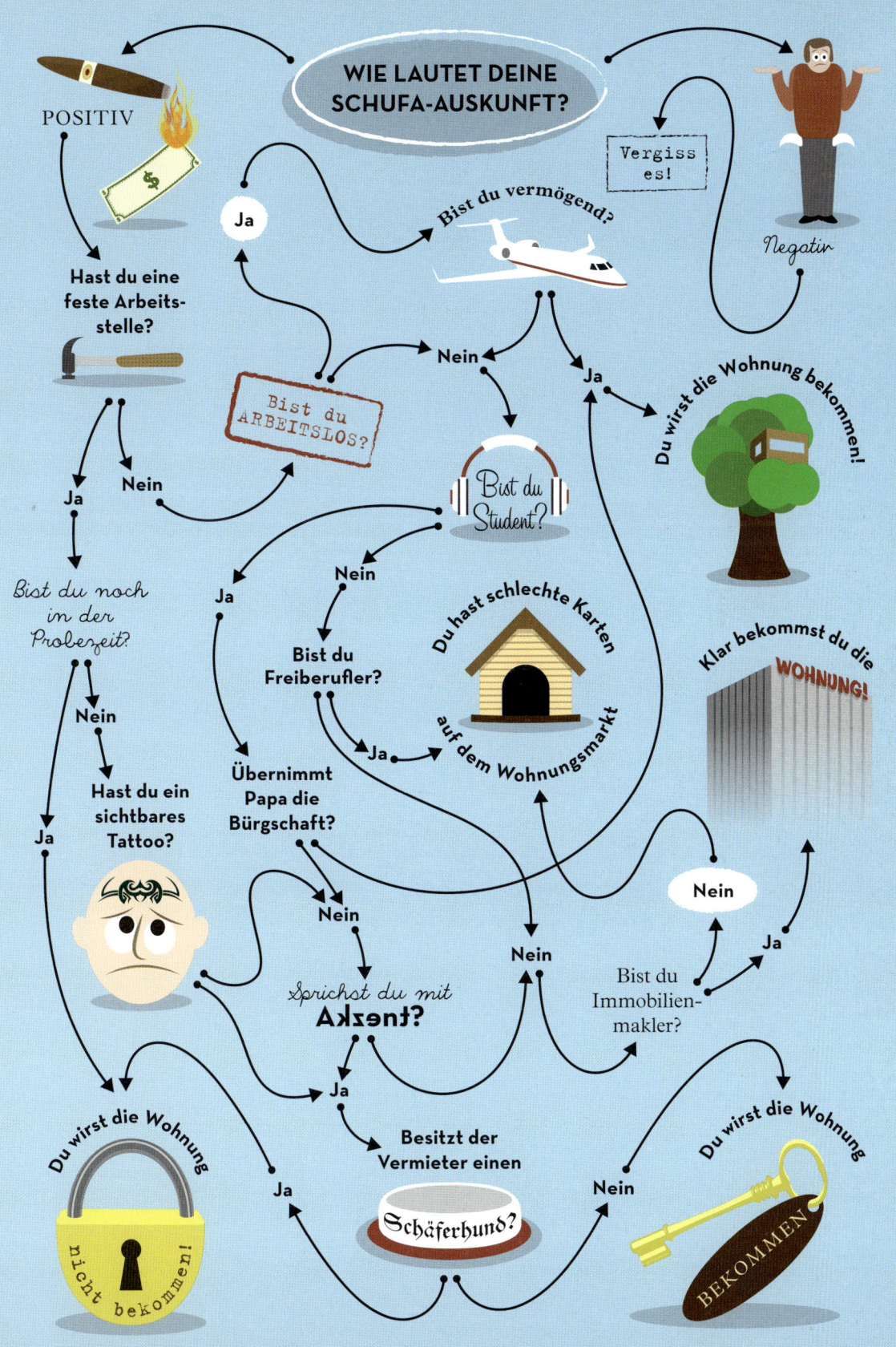

58. Soll ich ihn küssen?

Eine Entscheidungshilfe für Frauen, die lieber selbst den ersten Schritt machen.

59. Soll ich Trinkgeld geben?

Nichts ist schlimmer als ein Kellner, der seine Arbeit hasst. Außer ein Gast, der den Kellner hasst. Weil es gar nicht so einfach ist, beides voneinander zu unterscheiden: Weiterlesen!

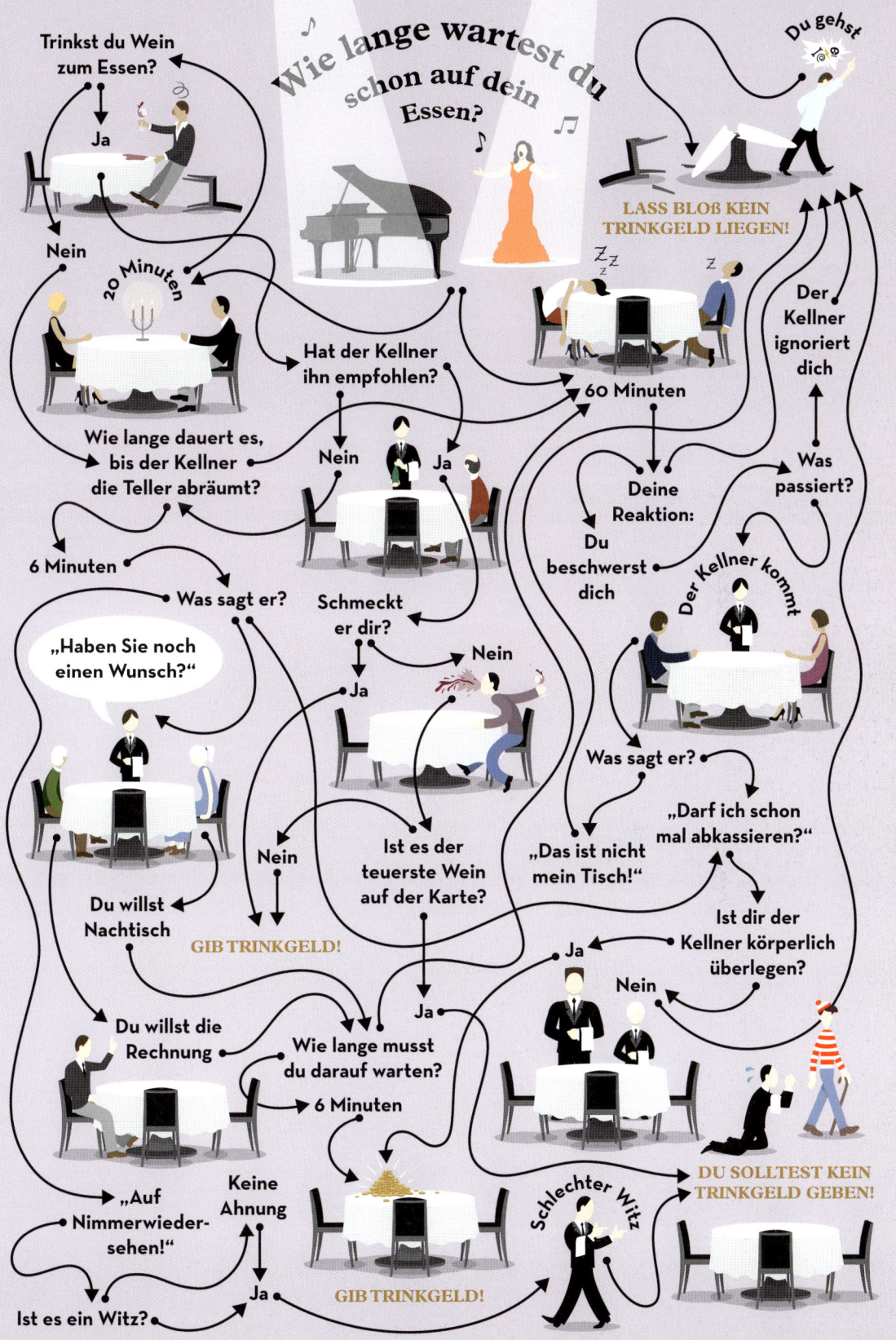

60. Bin ich ein Freak?

Woran du merkst, ob du ein bisschen anders tickst oder doch so langweilig bist wie der Rest.

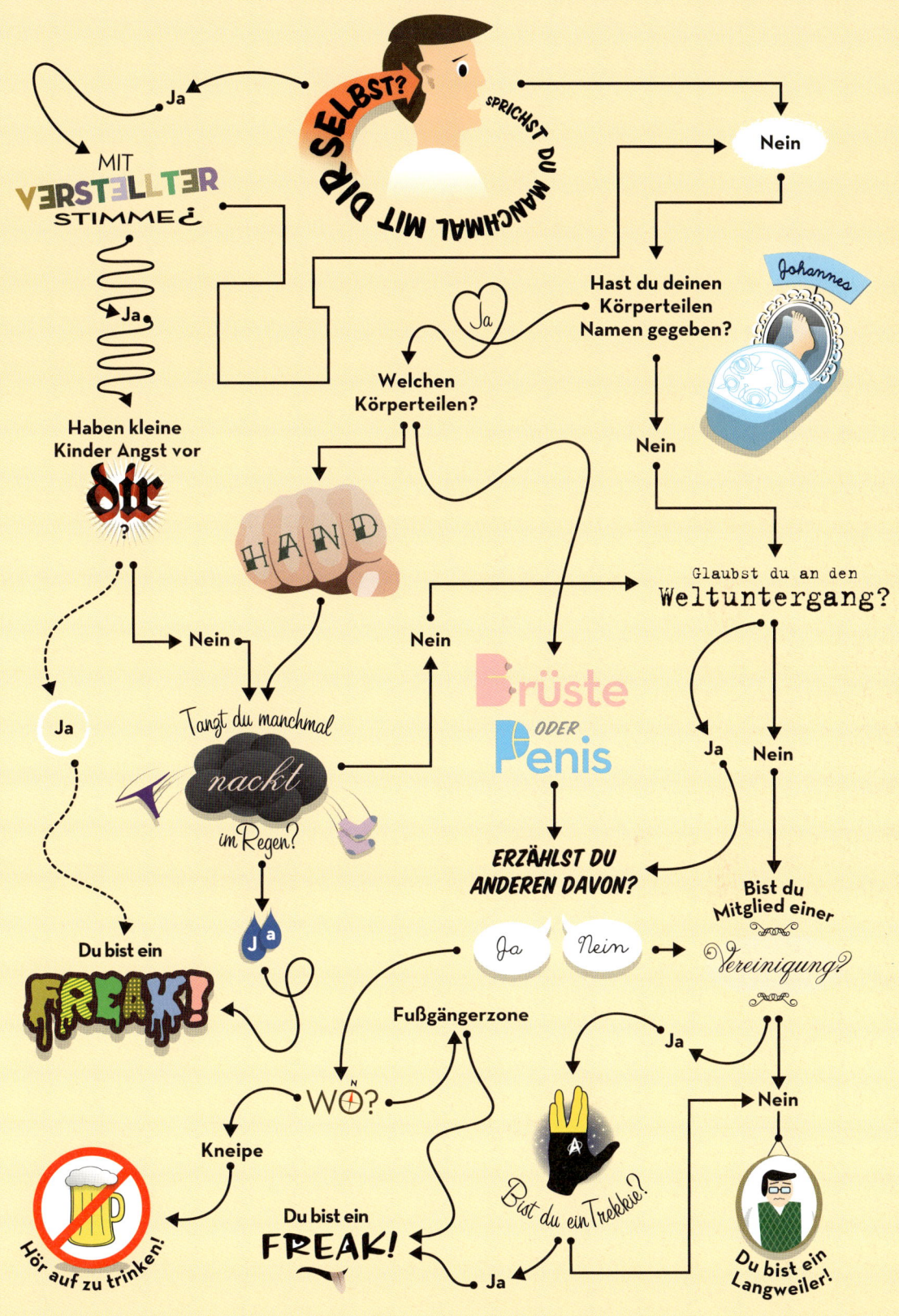

61. Wie vertrauenswürdig bin ich?

Absolut seriös oder personifizierte Euro-Krise: Die Frage ist nicht, wie du dich fühlst, sondern was Moody's über dich denkt. So würdest du nach den Kriterien einer Ratingagentur bewertet werden. AAAlles über die Macht der drei Buchstaben.

62. Kennen wir uns?

Woran du merkst, ob jemand flirten will oder dich mit George Clooney verwechselt.

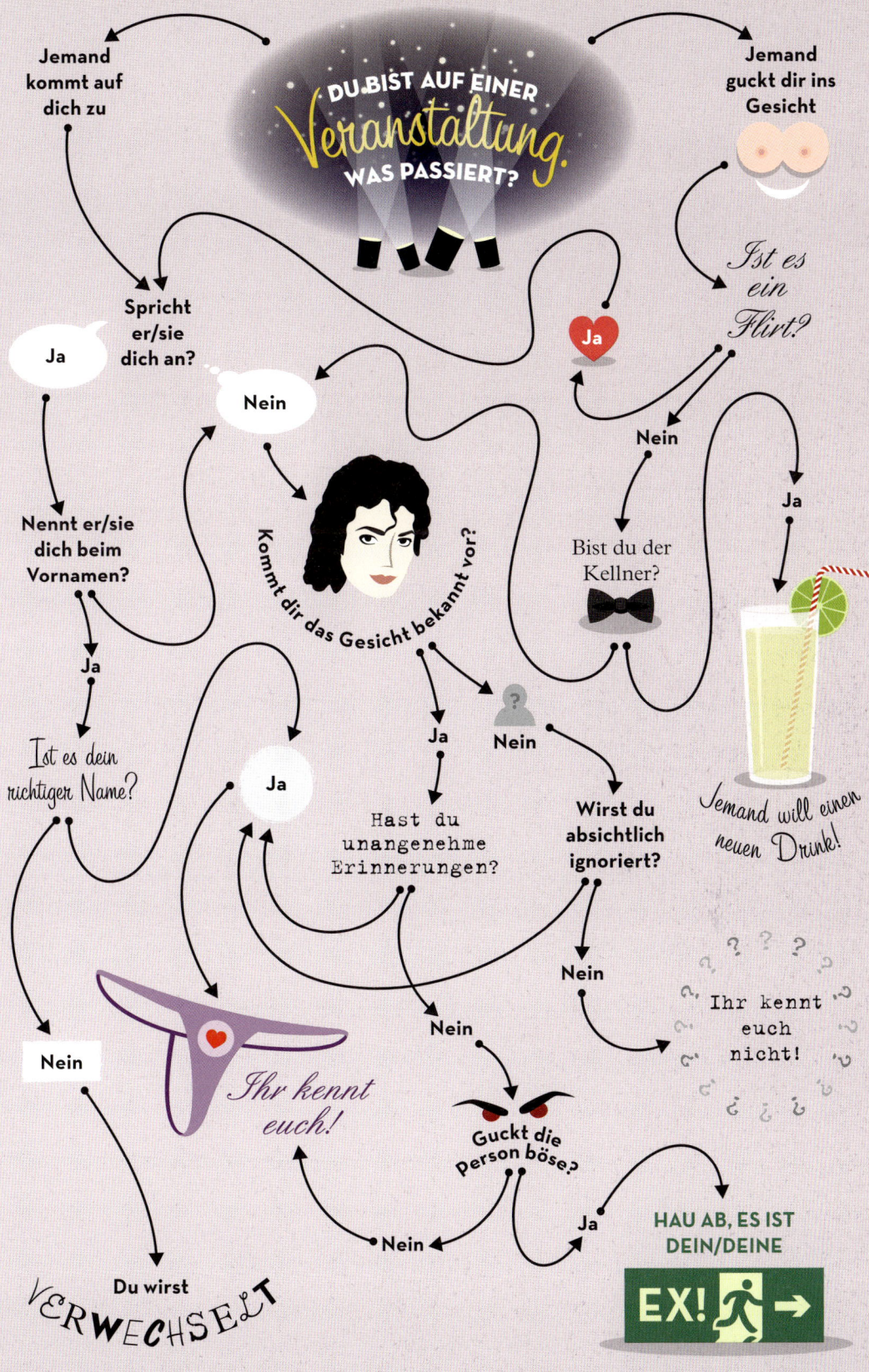

63. Soll ich sie küssen?

Eine Entscheidungshilfe für Männer, die immer noch zögern.

64. Habe ich einen guten Humor?

Kantinenkasper aufgepasst!
Treffen sich zwei Jäger,
sagt der eine zum anderen:
aua. Lachst du gerade?
So merkst du, ob sogar Mario
Barth mehr Witze drauf-
hat als du.

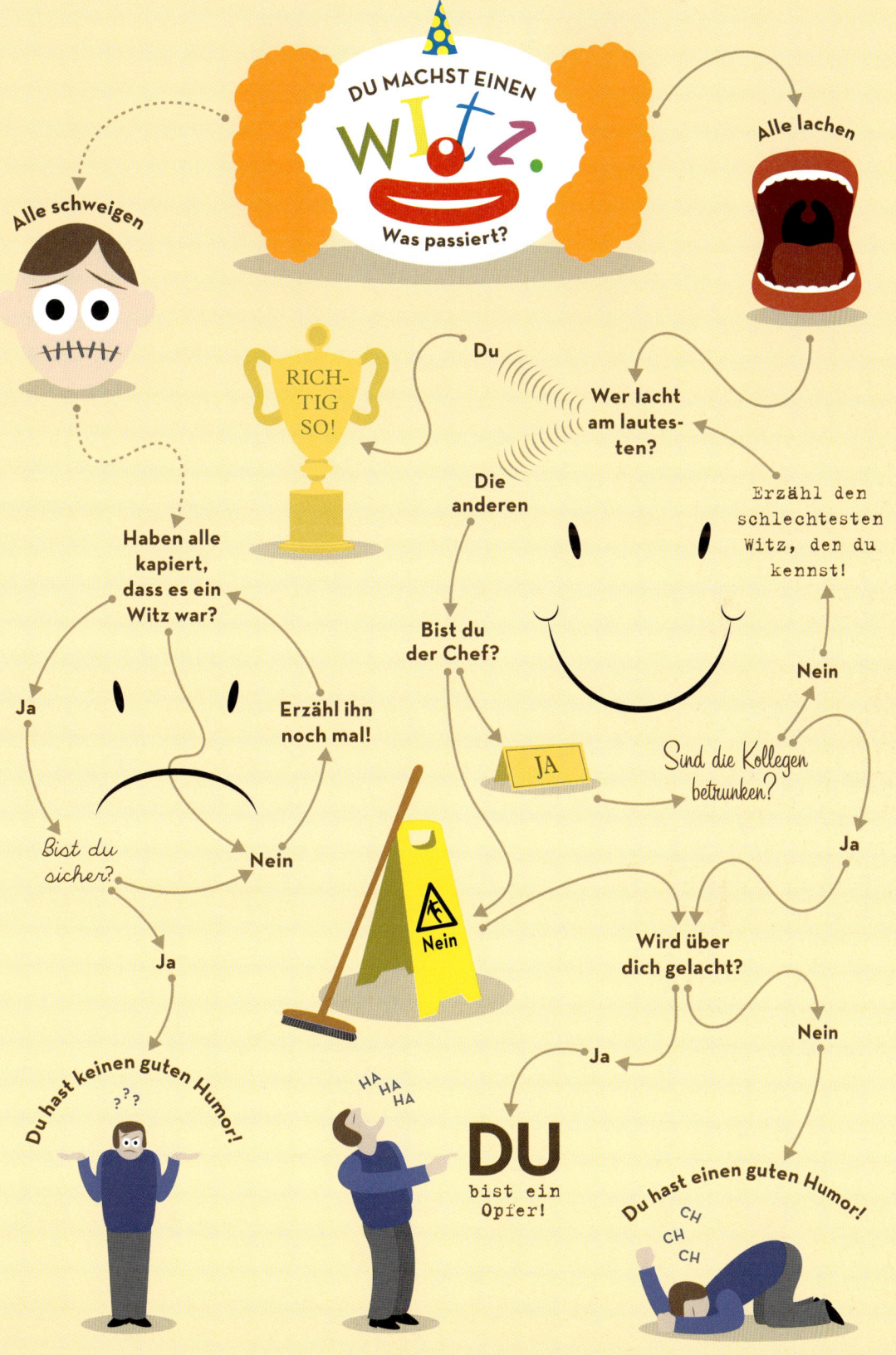

65. Wie lautet mein Porno-Name?

Wie weit du es in der Erotikbranche bringst, hängt vor allem von einem guten Künstlernamen ab. Nur damit wirst du Hauptdarsteller in *Schwanz der Vampire* und *Moby Fick*.

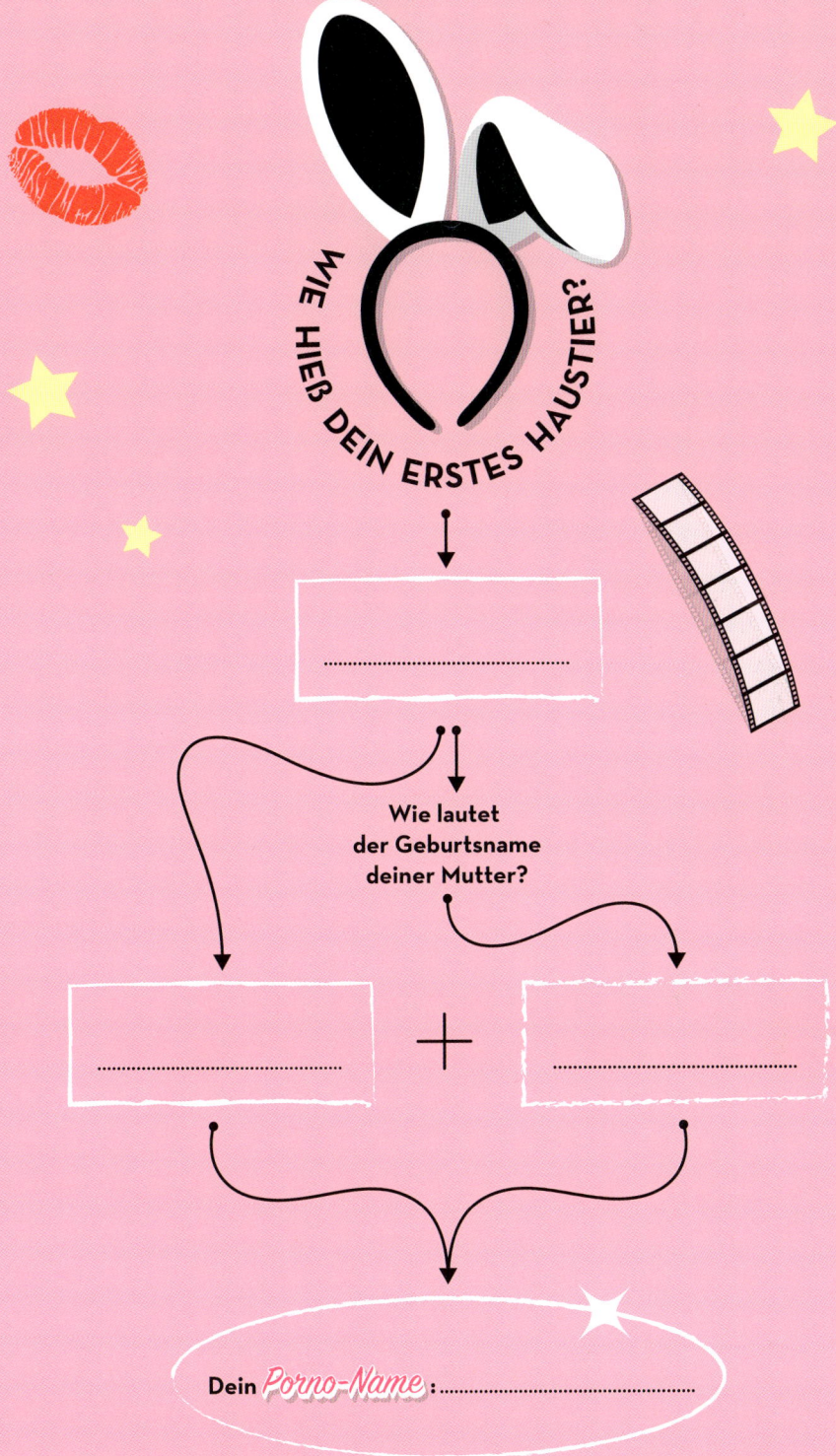

66. Wäre ich ein guter Polizist?

Alles, was recht ist: Als Kind hat man davon geträumt, Sheriff zu werden. Als Jugendlicher waren die Freunde und Helfer die größten Spaßverderber. Aber fragen darf man ja mal.

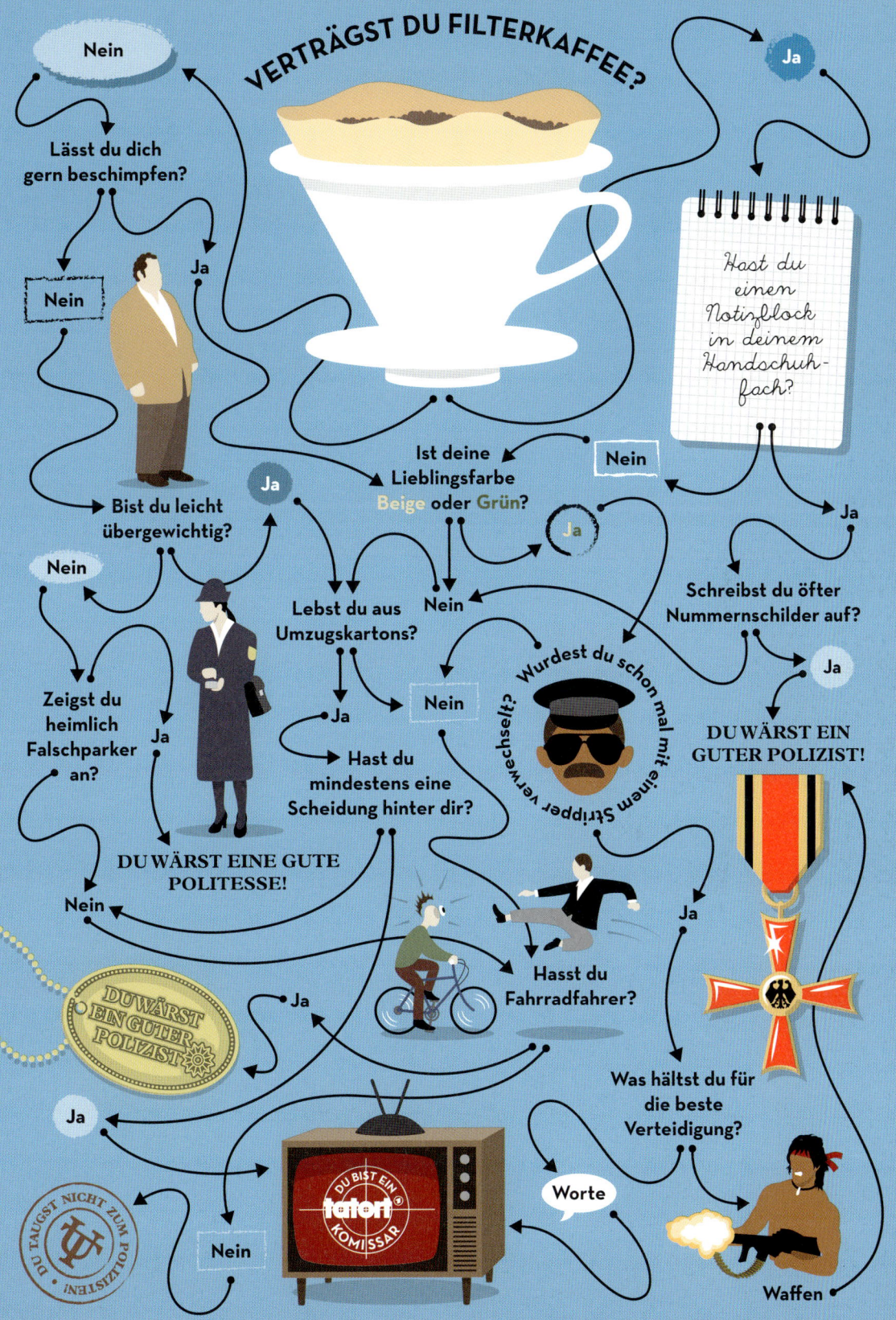

67. In welche Talkshow soll ich gehen?

Wütend bei Will oder Langeweile bei Lanz: Wenn du über deine Intimitäten sprechen möchtest, solltest du dabei auch auf die Quote achten.

68.
Liebt er/sie mich?

Eine Entscheidungshilfe für alle, die *jünger als* 30 sind und immer noch Zweifel haben.

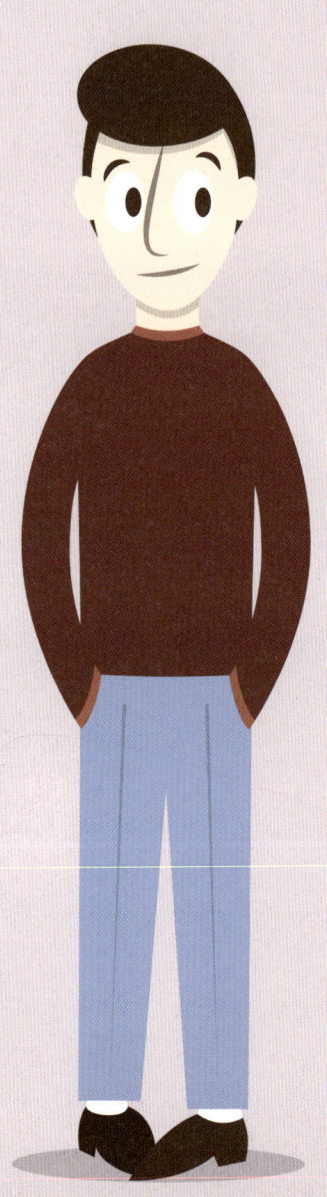

69.
Liebt er/sie mich?

Eine Entscheidungshilfe für alle, die *älter als 30* sind und immer noch Zweifel haben.

bis 30 J.

Du schreibst ihm/ihr eine SMS. Wann bekommst du eine Antwort?

- **Er/Sie antwortet erst am nächsten Tag**
- **Er/Sie schreibt sofort zurück**

Liked er/sie deine Fotos auf Facebook?
- Immer 👍
- Nie 👎

Schreibt er/sie dir Mails?
- Nein
- Ja

Hat er/sie ein Profil auf einer Dating-Website?
- Ja
- Nein

Liked er/sie Fotos von anderen?
- Ständig 👍
- Nie 👎

AW:RE:AW:FW

Wie lautet die Betreffzeile?
- Denk an dich! ♥

Hat er/sie dir versprochen, es zu löschen?
- Ja
- Nein

Er/Sie liebt dich nicht!

Er/Sie liebt dich!

Er/sie interessiert sich weder für dich noch für jemand anders!

Er/Sie liebt dich

ab 30 J.

70. Wie grün bin ich wirklich?

Ob du ein Öko bist oder das größte Umweltschwein von allen, zeigt nicht nur der Inhalt deiner Biotonne.

71. Muss ich hier aussteigen?

So merkst du, ob die nächste Haltestelle deine persönliche Endstation ist.

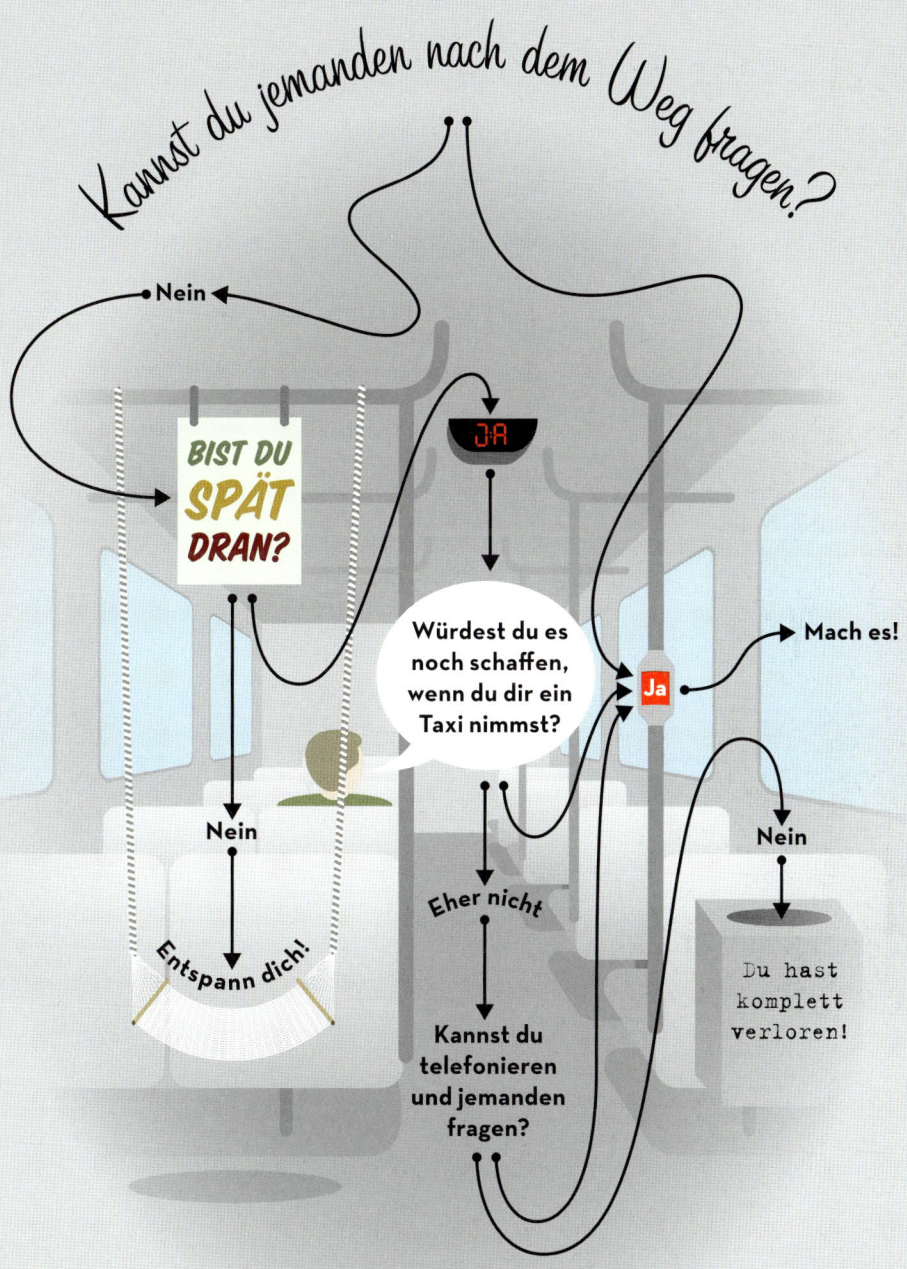

72. Welches Fastfood macht mich an?

Wer beim Gedanken an frittierte Hähnchenteile Appetit statt Asthma bekommt, dem eröffnet sich auf der rechten Seite ein kulinarisches Paradies.

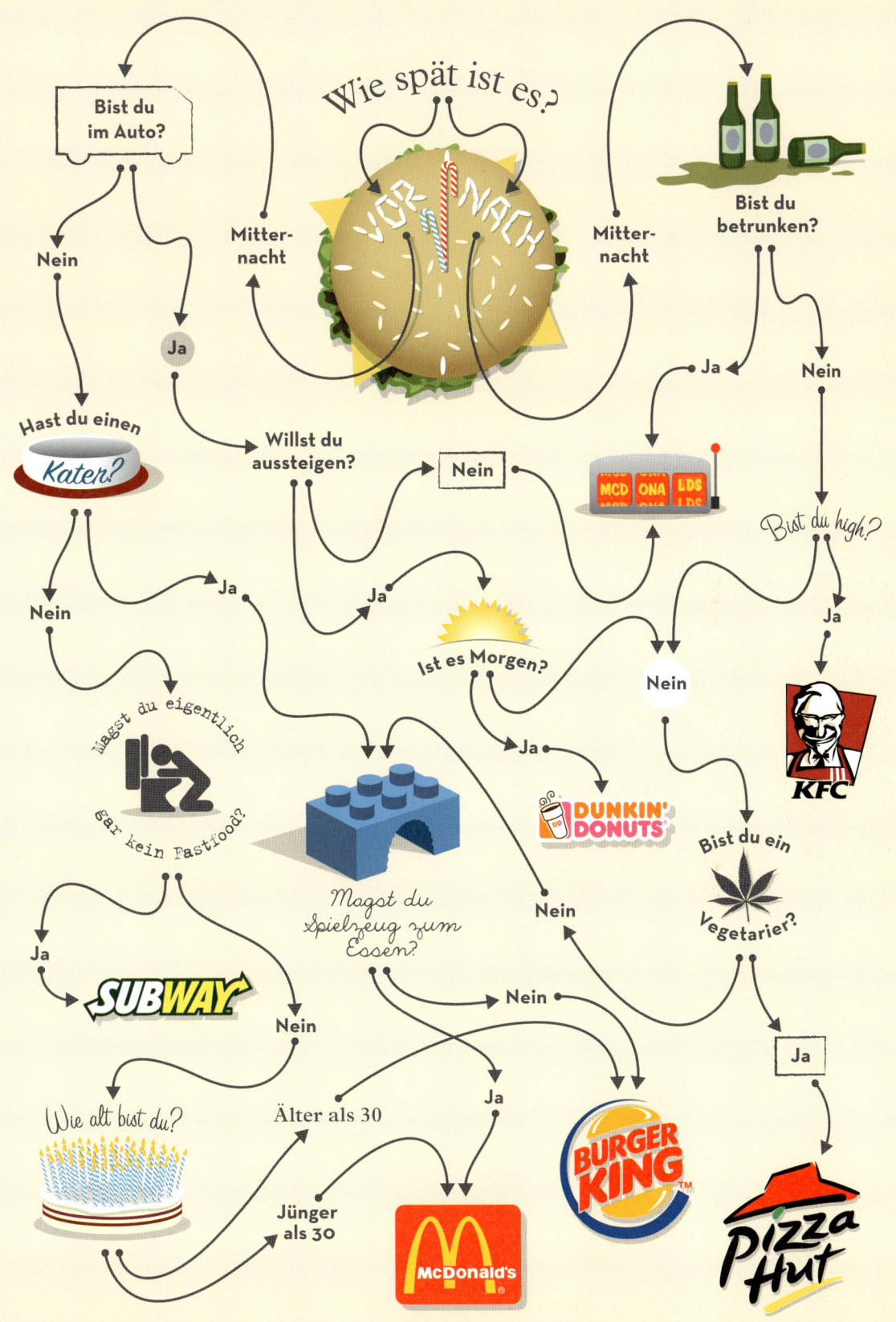

73. Bin ich zu dick?

Es gibt kaum jemanden, der nicht an seinem Gewicht zweifelt. Alle anderen haben schwere Knochen.

74. Soll ich ein Fass aufmachen?

Eine Entscheidungshilfe für alle, die nicht wissen, ob sie nach Ärger oder Bier lechzen.

75. Sind wir nur Kumpels oder noch immer ein heißes Gespann?

Woran Paare merken, ob sie von der Anmach- in die Einmachphase abgedriftet sind.

76. Bin ich ein Bürohengst oder der Depp vom Dienst?

Für alle, die sich fragen, ob ihr Selbstbewusstsein im Job groß genug ist.

77. Soll ich Gas geben oder anhalten?

Reh auf der Fahrbahn oder Polizei im Rückspiegel: Woran du merkst, ob du auf die Tube drücken solltest oder doch lieber eine Vollbremsung machst.

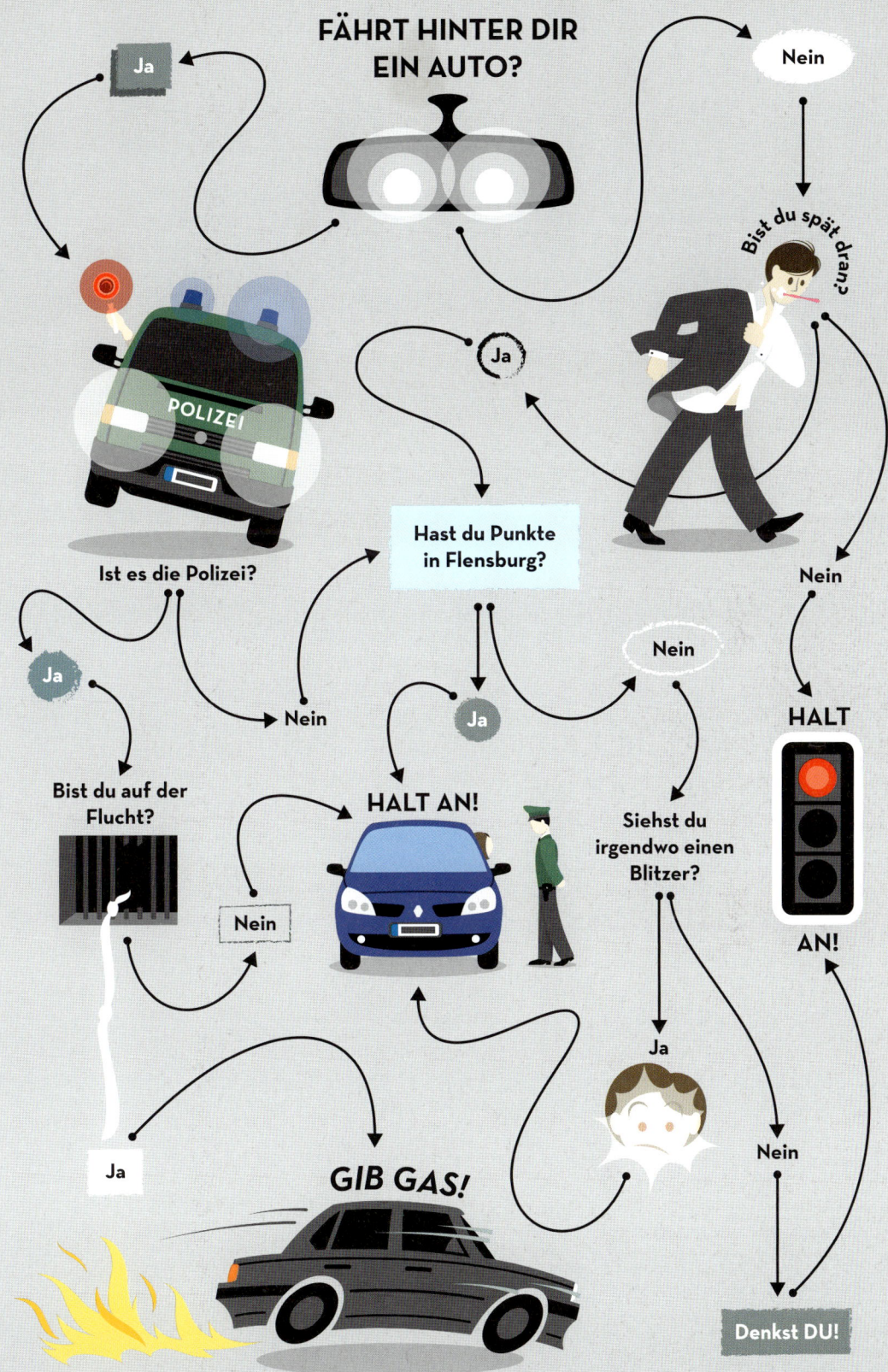

78. Bin ich ein heißer Feger oder ein Jammerlappen?

Manche Menschen sind freiwillig Single. Alle anderen können auf der rechten Seite nachlesen, was sie eigentlich falsch machen.

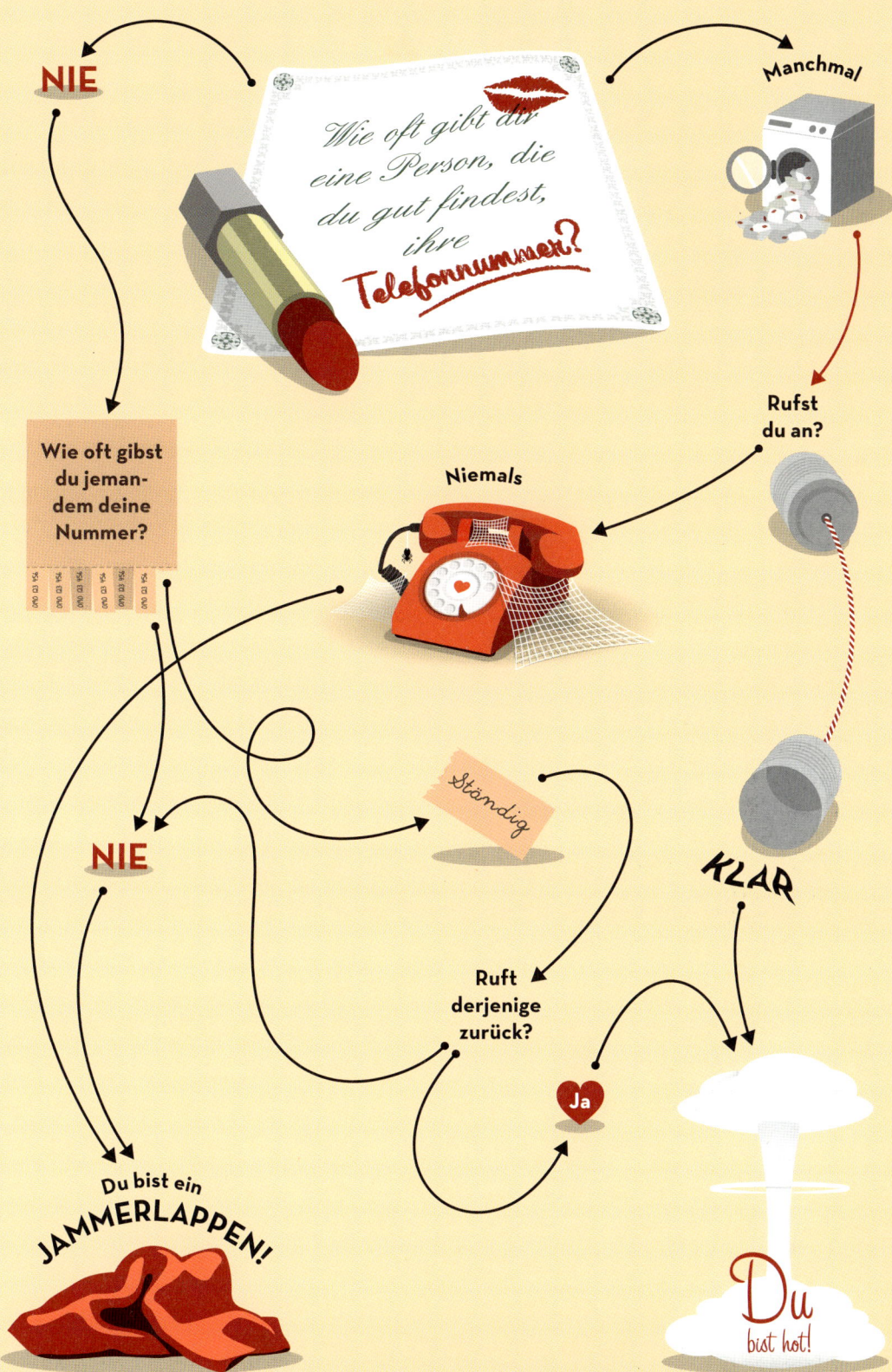

79. Soll ich die Party verlassen?

Rausch oder Ruhe: Für alle, die sich nicht sicher sind, ob sie schlafen oder eskalieren sollen.

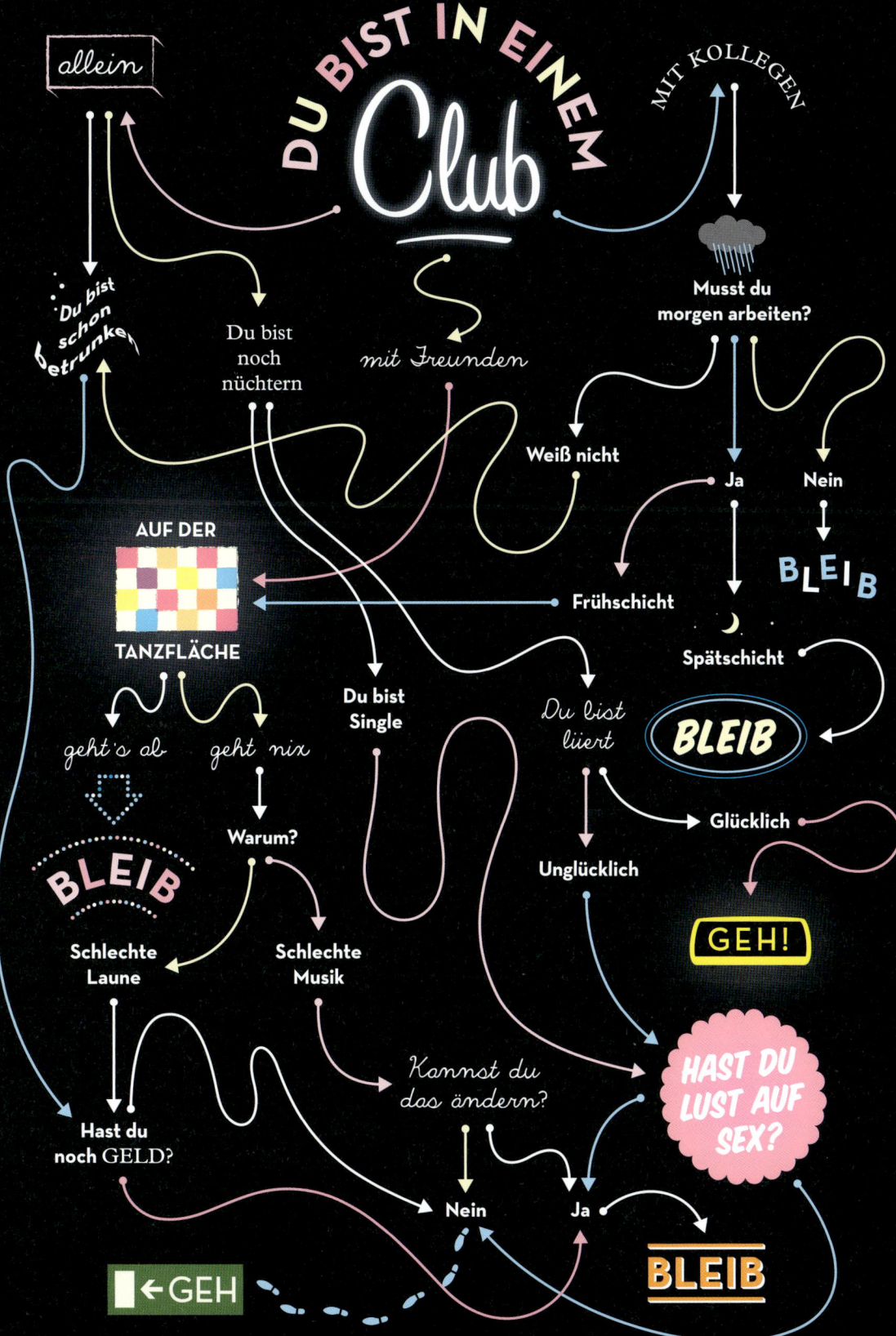

80. Gehen wir zu mir oder zu dir?

Wohin du deinen One-Night-Stand abschleppst, solltest du nicht nur von der Taxirechnung abhängig machen.

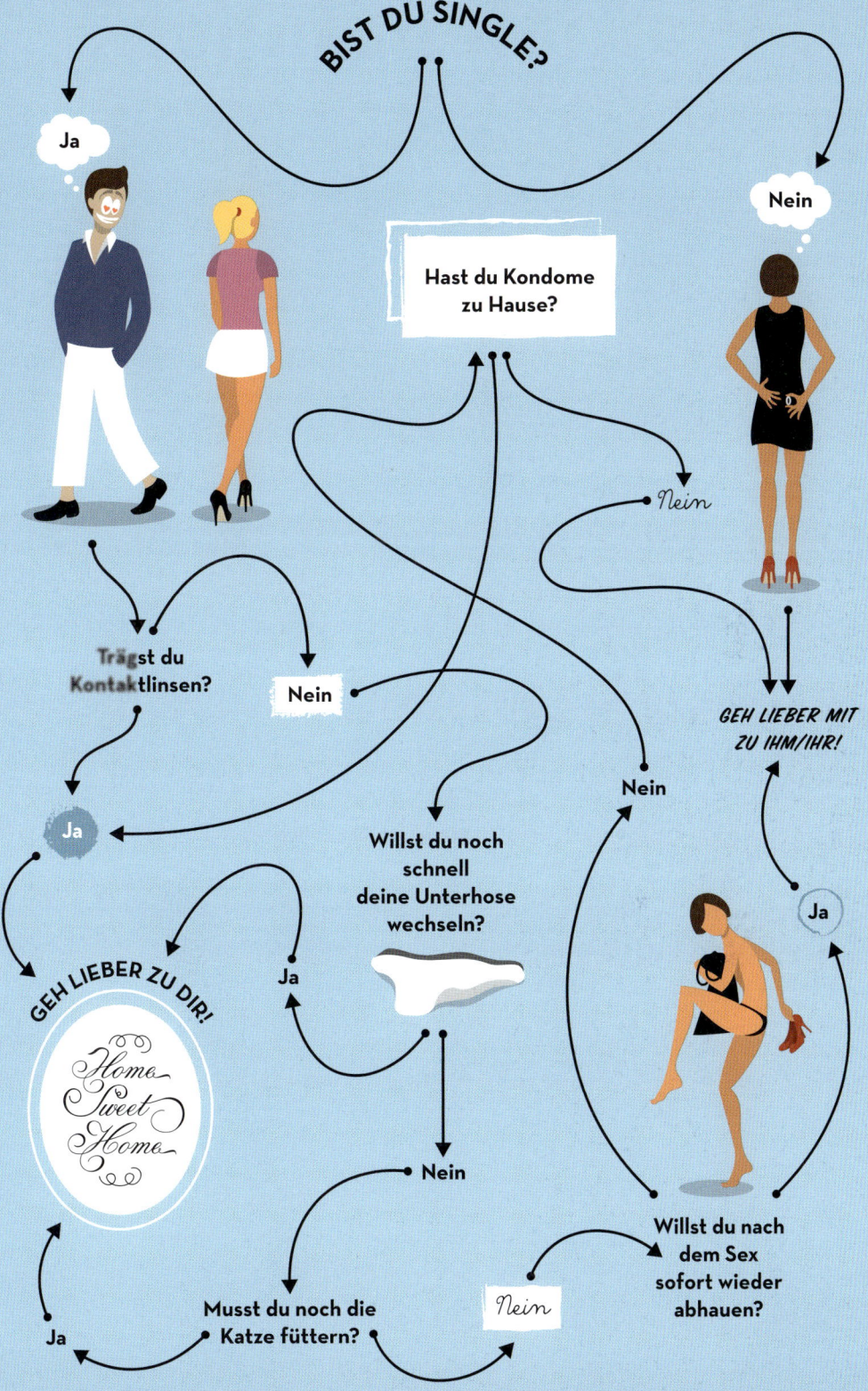

81. War ich peinlich?

Nichts bereuen oder schlimm blamieren: Für alle, die sich fragen, ob sie sich zum Gespött der Leute gemacht haben.

82. Will mein Partner mit mir Schluss machen?

Wenn dein Schätzchen dich bald abserviert, solltest du gewappnet sein.

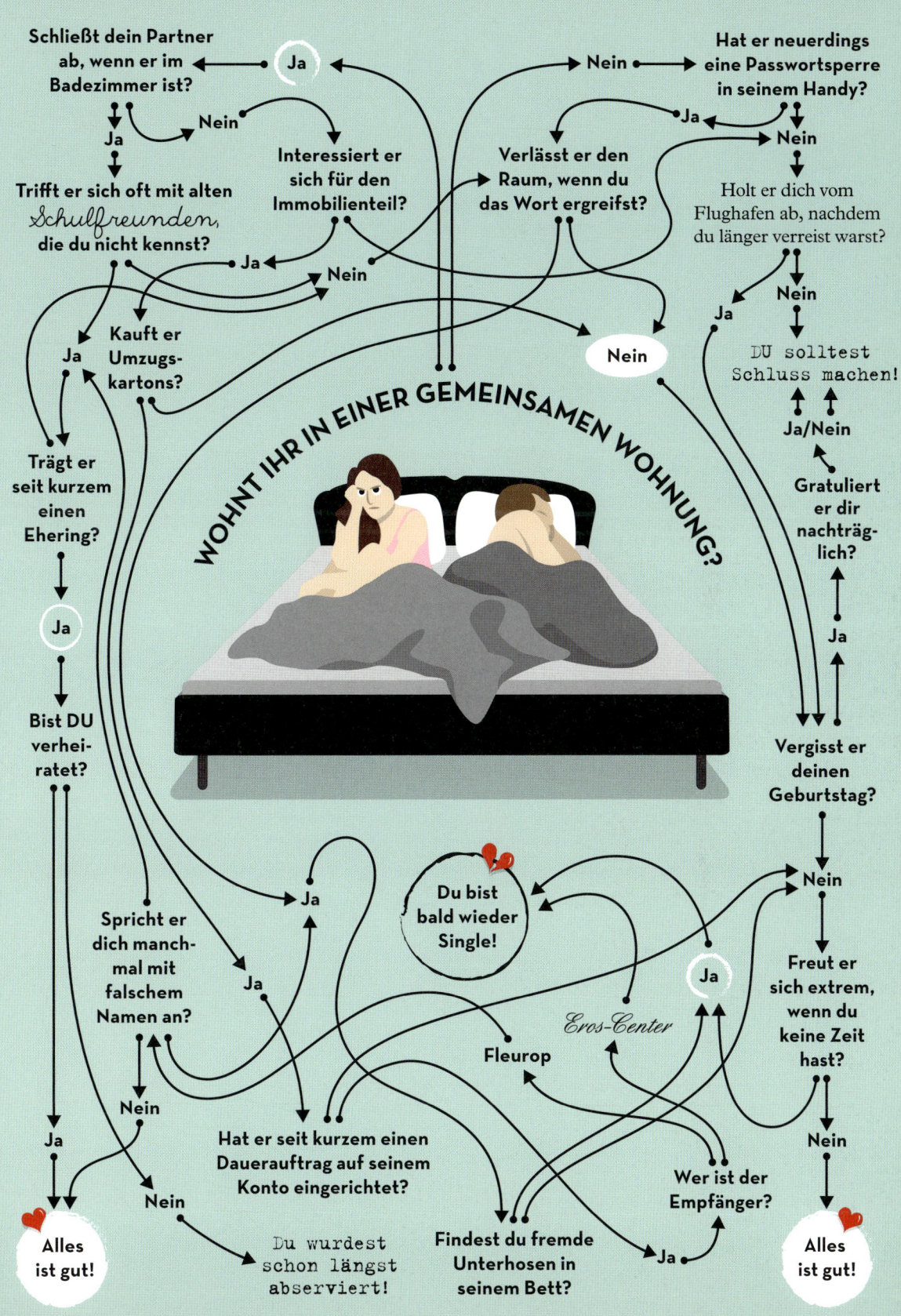

83. Habe ich das Zeug zum Promi?

Z-Sternchen oder König von Schweden: Woran du merkst, ob du schon mal Autogrammkarten bestellen kannst.

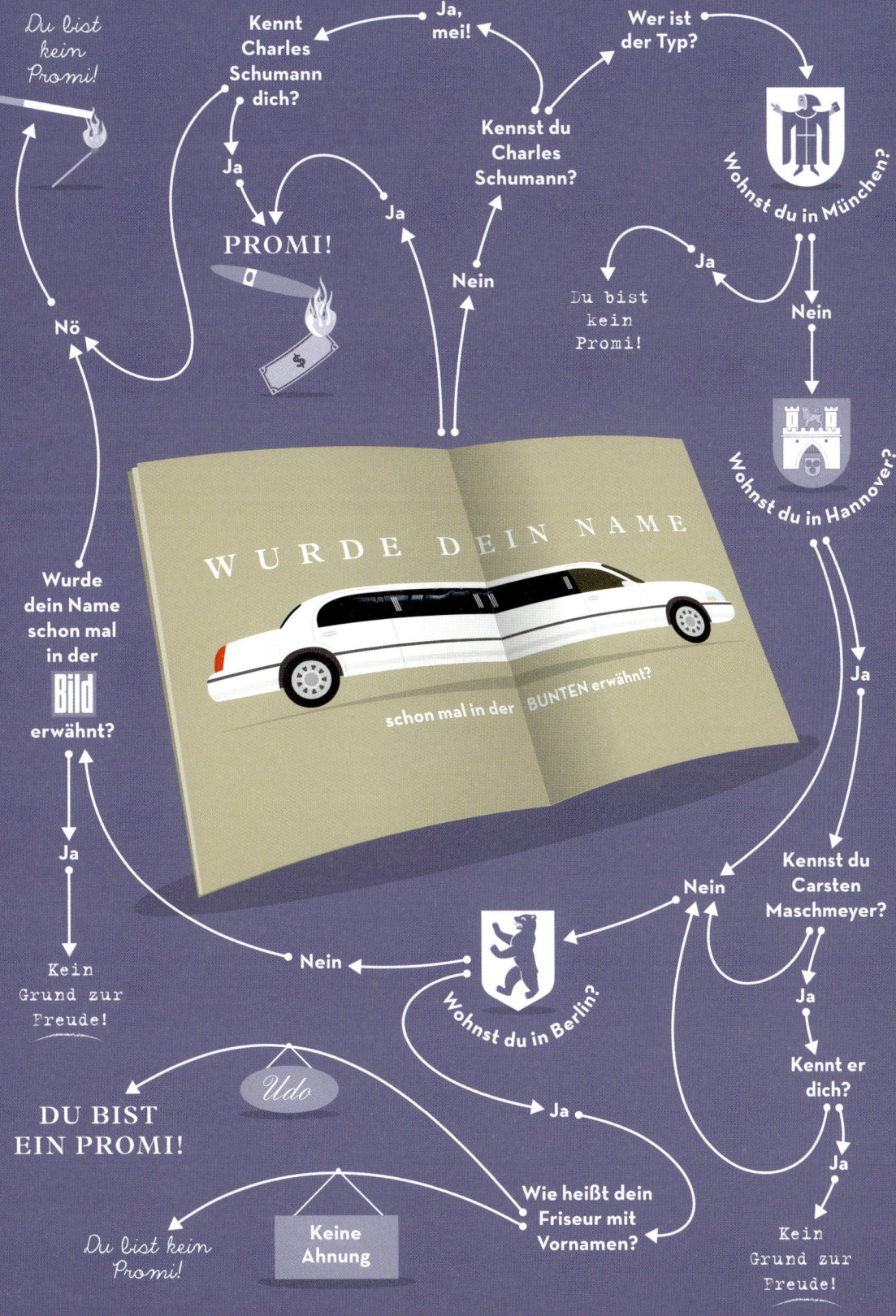

84. Habe ich den Verstand verloren?

Den Sprung in der Schüssel
kann man nur erkennen,
wenn man direkt davor steht.

SUCHST DU ETWA NACH IHM?

Nein → **DU BIST NOCH BEI SINNEN!**

Ja → Lächerlich! Du wirst ihn nicht finden.

85. Ist mein Job lebensgefährlich?

Woran du merkst, ob in deinem Beruf nicht nur alle Nerven draufgehen.

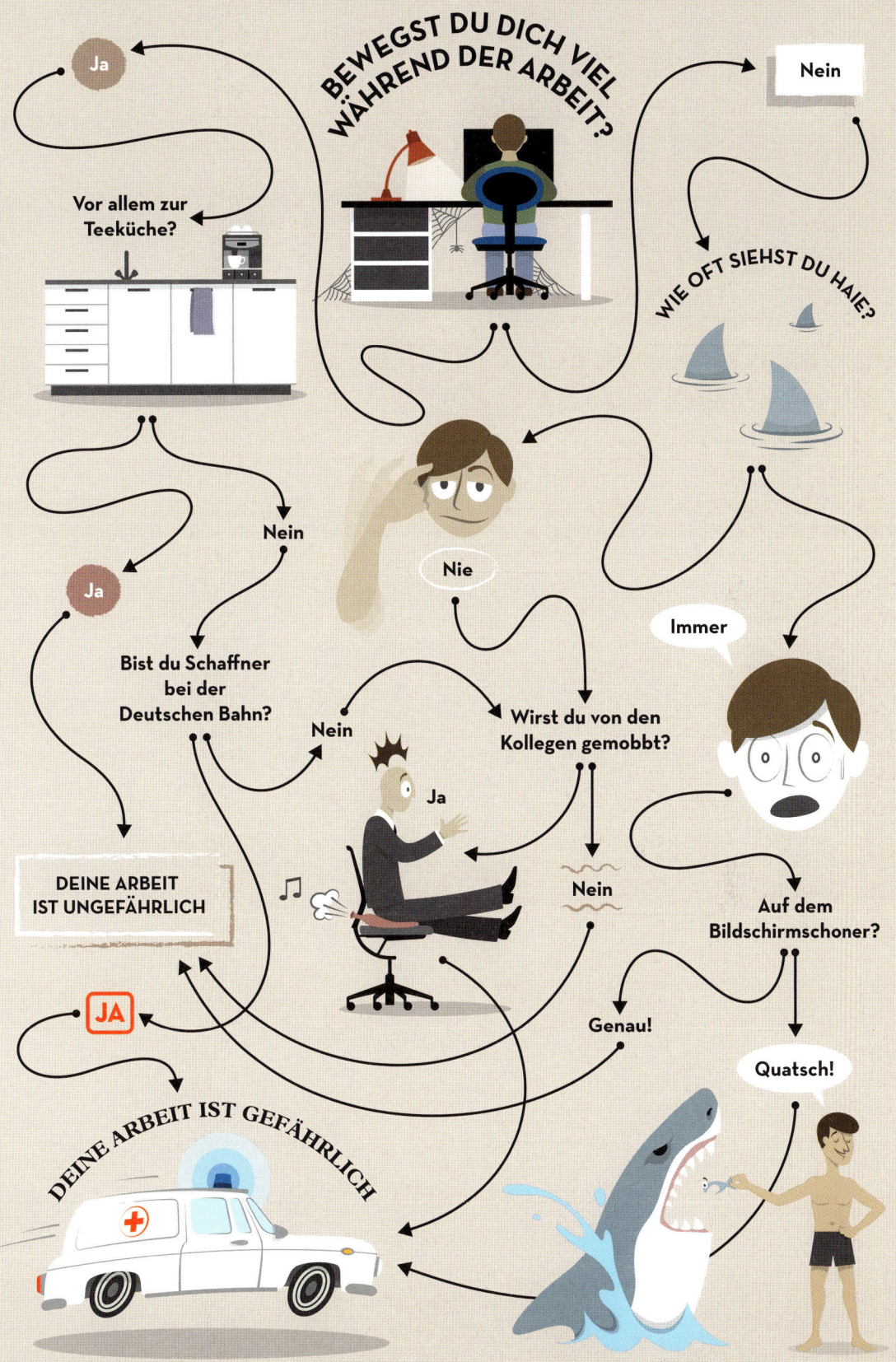

86. Habe ich den Herd ausgemacht?

Achtung: Bevor die Wohnung abfackelt, solltest du in jedem Fall nachsehen. Dumm nur, wenn du schon im Flugzeug nach Fuerteventura sitzt.

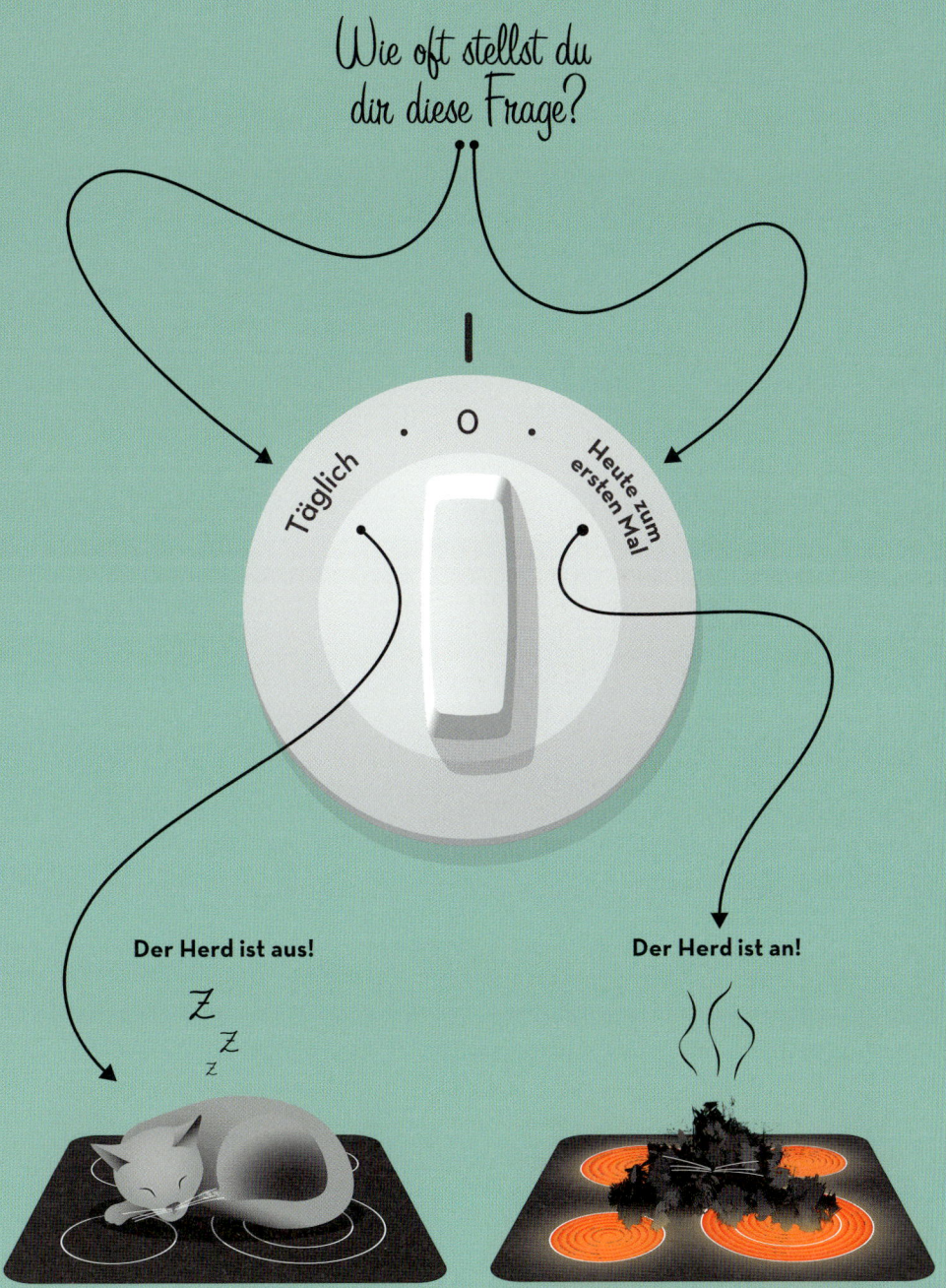

87. Soll ich anrufen oder abwarten?

Wenn du tagelang um dein Telefon schleichst und doch keinen Anruf bekommst, kannst du es auch selbst in die Hand nehmen.

88. Soll ich einen Heiratsantrag machen?

Bevor du dich bei einem Coldplay-Konzert auf die Bühne stellst und vor 30.000 Leuten einen Antrag ins Mikrofon säuselst, solltest du dir wirklich sicher sein.

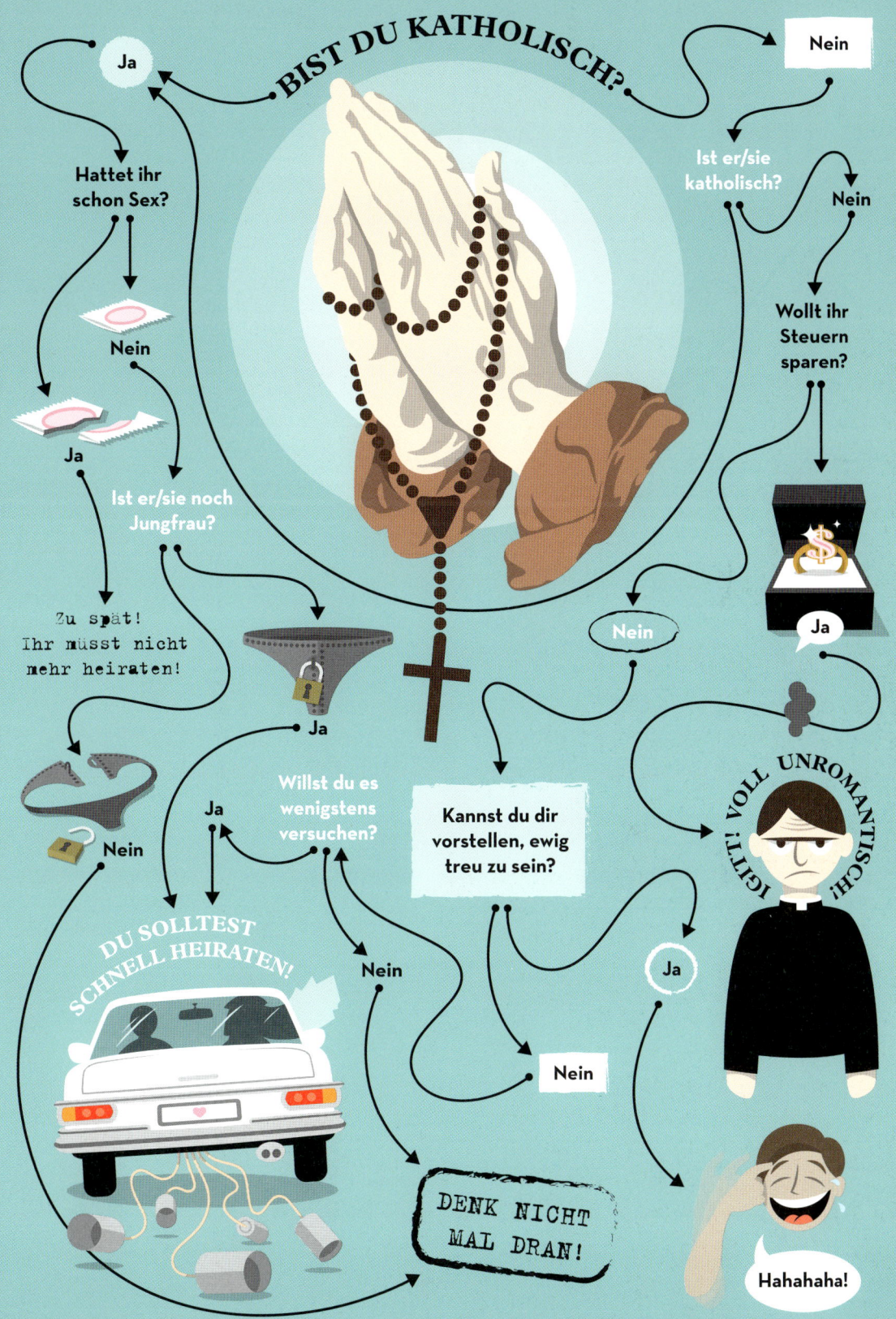

89. Soll ich ein Kind zeugen?

Irgendwann fragt sich jeder mal, ob er seine Gene weitergeben sollte oder eine Reproduktion der Menschheit mehr schadet als nutzt.

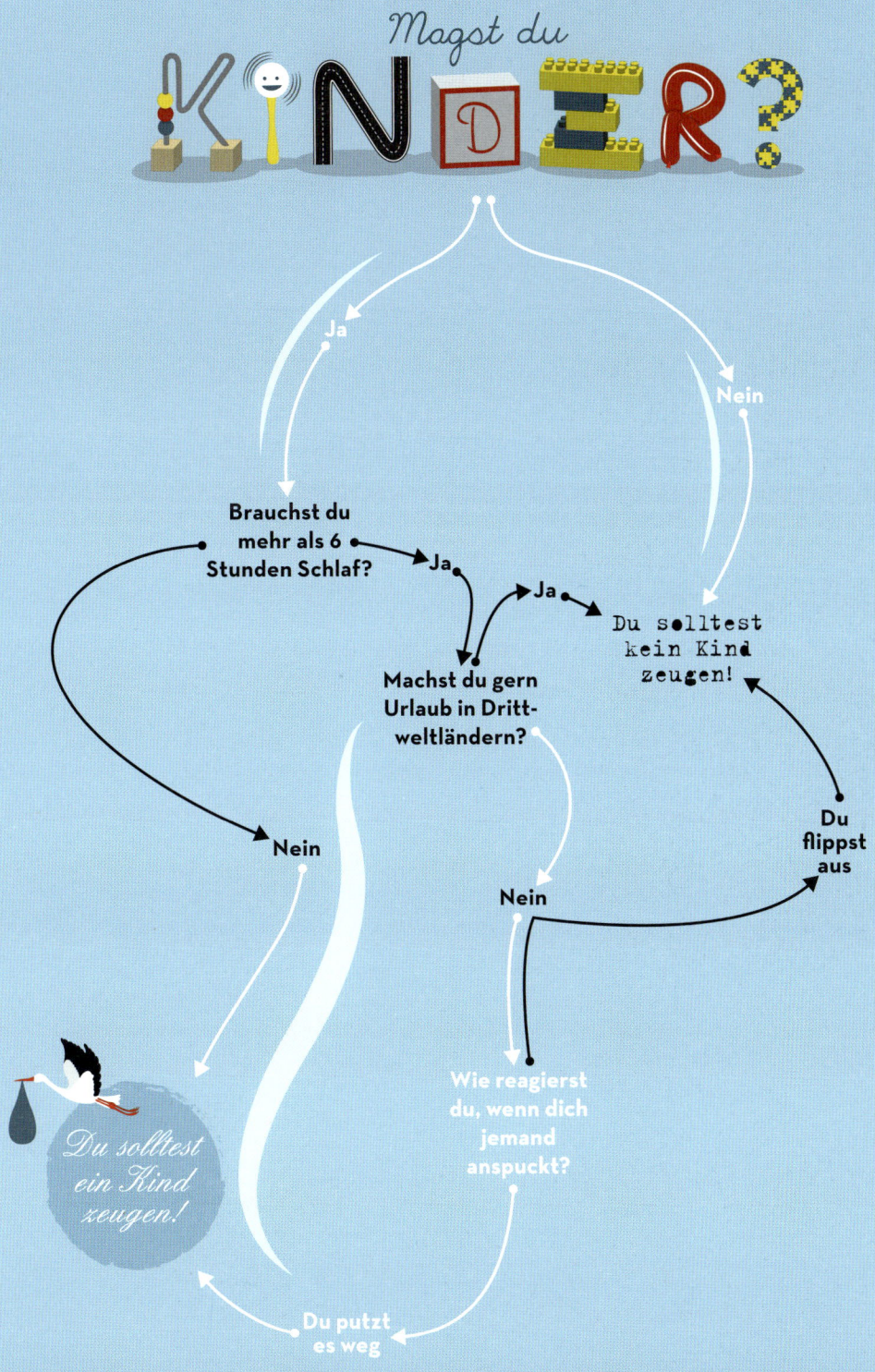

90. Führe ich ein gutes Leben?

Ende aus, Micky Maus:
Woran du merkst,
ob du an deinem Glück
arbeiten solltest
oder dein Leben schon
jetzt perfekt ist.

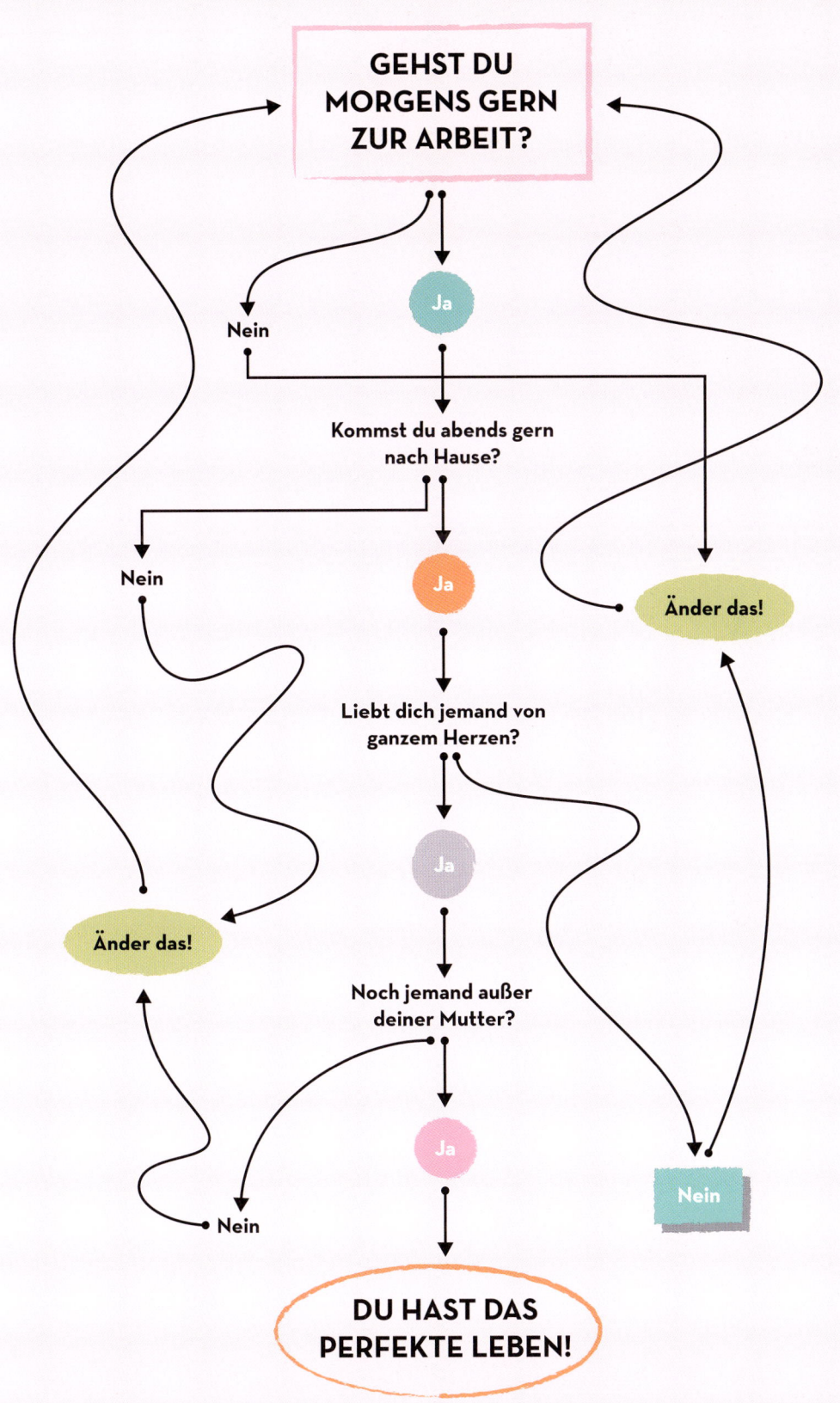

Register

A
Ahmadinedschad, Mahmud 51
Alkohol 23, 53, 73, 77, 108
Amerika 45, 65
Anhalt, Frederic von 91
Arzt 76, 109, 117, 153
Ausland 13, 87
Auto 39, 43, 45, 77, 87, 90, 147, 150, 161

B
Backes, Wieland 141
Badehose 105
Barth, Mario 49, 134
Batman 31
Beckmann, Reinhold 141
Berlin 63, 95, 155, 173
Beuys, Joseph 81
Bier 53, 57, 95, 141, 154
Black, Jack 105
Bohlen, Dieter 101

C
Champagner 53
Chef 13, 19, 112, 115, 135, 155, 159
Chewbacca 41
Computer 50, 63, 83
Craig, Daniel 105
Cruise, Tom 65

D
Depp 158
Deutschland 15, 90, 101
Diktator 45
Dreck 36
Drogen 50, 77
Drohbrief 15

E
Eierlikör 53
E-Mail 83, 144
Erbschaft 85, 79, 115, 129
Esoterik 17
Essen 25, 53, 68, 102, 125, 151

F
Facebook 51, 144, 105
Ferrari 6
FKK 105
Flash Gordon 31
Freund 15, 21, 33, 39, 51, 71, 96, 111, 115, 129, 165
Fußball 17, 57, 22

G
Geld 14, 21, 23, 33, 41, 45, 57, 67, 71, 73, 85, 91, 115, 125, 129, 159, 165
Geschlecht 105, 111
Gesindel 91
Gold 85
Golf 23, 107

H
Hamburg 47, 95
Handwerker 39
Hawaii 87
Hoffenheim 57
Hulk 31
Hund 27, 49, 89

I
Immobilien 85, 121, 171
Instrument 73
Internet 83
Ironman 87
Islam 65

J
Job 12, 18, 62, 110, 112, 158, 176
Judentum 65
Juhnke, Harald 109
Jungfrau 183
Junkie 51

K
Katze 89, 167
Kelly, Joey 109
Killer 78, 27
Kinder 13, 17, 45, 105, 127, 153, 184
Klum, Heidi 101
Krieg 27, 107

L
Lagerfeld, Karl 141
Lanz, Markus 141
Libido 37
Liebe 15, 34, 58, 109, 110, 112, 122, 132, 142, 156, 162, 170, 180, 182
London 47
Lorenzo di, Giovanni 141

M
MacGyver 31
Mafia 17, 79
Mallorca 86, 111
Maschmeyer, Carsten 173
Mord 17, 115, 129, 79
München 57, 85, 95, 155, 173

N
Nacht 37, 43, 61, 95, 118, 151, 169
Nackt 21, 31, 42
Nervenkitzel 98
Nervenzusammenbruch 115
Neustart 83

O
Oliver, Jamie 69
Opfer 19, 115
ORF 1 101

P
Paris 95, 111
Party 53, 95, 164
Plasberg, Frank 141
Polizei 27, 51, 79, 161, 138
Popken, Ulla 153
Porno 39, 136

Q
Quasimodo 33

R
Ratte 45
Rechnung 15, 109, 125, 166
Ribéry, Franck 39
Riemann´sche Vermutung 117
Rowohlt, Harry 49

S
Sarrazin, Thilo 141
Schumann, Charles 173
Sex 23, 33, 35, 37, 49, 60, 65, 73, 77, 95, 101, 111, 136, 157, 159, 165, 167, 183
Shrek 31
Single 162, 165, 171
Sonnenbrille 29, 45
Stiller, Ben 49
Stromberg, Bernd 159
Superman 31

T
Tattoo 17, 111, 121
Taxi 71, 149, 166
Terrorist 27
Trump, Donald 159
Turnhalle 37

U
Urlaub 51, 86, 111, 185

V
Verstand 174
Vollidiot 107
Vorbild 68, 108
Vorstrafen 129

W
Waffe 79, 139
Weltuntergang 65, 127
Wenders, Wim 49
Will, Anne 141
Wohlfahrt, Harald 69

X
Xylophon 73

Y
Yoga 23

Z
Zinssatz 129
Zuckerberg, Mark 51

Danksagung